知識ゼロからの

田中角栄 入門

小林吉弥 監修

庶民宰相　平等意識日中国交回復　三角大福中　日本列島改造計画　金大中事件

27歳で国政に挑戦するも落選　29歳で法務政務次官に　角福戦争　戦後最年少高小卒の総理大臣誕生　台湾問題　竹入メモ　日中国交回復　オイル・ショック　日ソ共同声明　田中角栄研究　青天の霹靂　退陣表明　ロッキード事件　記憶にない　目白の闇将軍　40日抗争　総理

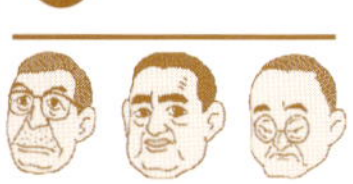

幻冬舎

知識ゼロからの田中角栄入門

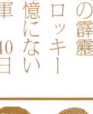

まえがき

1960年代後半から80年代後半にかけ、優れた頭脳と豊かな人間力、強烈な政治的手腕でこの国の政治をリード、席巻した男がいた。

その男の名は、「コンピュータ付きブルドーザー」こと田中角栄《たなかかくえい》。

学歴は尋常高等小学校（現在の中学校）卒。実社会で泥水をのみながら事業を成功させ、28歳で国政に名乗りを上げた。やがて実力者への階段を駆け上がり、それまで東大卒の政治家が多かった総理大臣の頂《いただき》に、「日本列島改造論」という大構想をひっ下げて登ってみせた。国民は「今太閤」「庶民宰相」の歓呼で、これを迎えたのである。

そうした一方で、田中は「光と影」の両方を引きずった。金権体質を糾弾されて失脚、その後もロッキード事件で有罪判決を受け、なお潔白を求めた裁判上告審のさなかにこの世を去っている。

いま、この国の政治は深層で混迷を続けている。国民は世界的な経済不安定の波にもまれ、漠然とした閉塞感におおい尽くされている。あの田中が生きていたら、どんな知恵、発想でこれを打開してくれたであろうかと思いを巡らす向きも少なくないようだ。

本書によって田中角栄を改めて知ることで、政治とは何か、「生きる」とはどういうことかのヒントが得られるものと信じている。

なお、本書の敬称は敬してすべて略させていただいた。

2016年6月　　小林吉弥

第2章 田中角栄の首相時代

第3章　絶大な人気を勝ち得た、その理由《わけ》は?……85

第5章 ロッキード事件と田中角栄……145

第6章　ロッキード事件後の田中角栄……171

序章

そもそも田中角栄ってどんな人？

どんなことをやった政治家？

「コンピュータ付きブルドーザー」の庶民宰相

第64・65代内閣総理大臣として70年代の日本をリードした田中角栄。今ではもはや遠い過去の人、あるいは伝説上の人物に化してしまった感が強いが、彼が戦後の日本を代表する大政治家であることは紛れもない事実である。

その田中角栄を語るうえで避けて通れないのが、高等小学校（今の中学）しか出ていないのに首相まで上り詰めたことである。彼以前の首相のほとんどが東大もしくは京大を卒業していたことを考えると、これは異例中の異例で、そのことから世間は彼のことを「庶民宰相」「今太閤」と呼んで喝采《かっさい》を送った。その一方で、数字を交えて早口でまくしたてることから「コンピュータ付きブルドーザー」と呼ばれていた彼は、抜群の行動力・実行力・法律知識を駆使して郵政・通産・大蔵省などのエリート官僚たちを巧みに操縦。この面でも絶大な人気を博した。

田中角栄を一言で評するなら、党人政治家と官僚政治家の両面を併せ持った、非常にスケールの大きな珍しい政治家であった、といえるだろう。

田中角栄の光と影

首相在任中、日中国交正常化や金大中事件、第一次オイル・ショック等々を抜群の行政・外交能力を発揮してクリアする一方、「日本列島改造論」を掲げて高度経済成長を一段と押し上げるなど、はなばなしい業績を残した。しかし、彼のとった政策が狂乱物価を招いたことや、金脈問題を追及されたことなどで首相を辞任。さらに「ロッキード事件」での逮捕、病気で倒れるなど、晩年は常に暗い影がつきまとっていた。

ガはははは
いよっ庶民宰相！
今太閤！

どんな時代に生きていた?

高度経済成長時代最後の総理大臣だった

日本経済が飛躍的に成長を遂げた、いわゆる高度経済成長時代は一般に、1955年から1973年までの18年間であるとされている。ということは、つまり1972年7月7日から1974年12月9日まで首相の座にあった田中角栄は、高度経済成長時代最後の総理大臣ということになる。

1960年代、日本経済はベトナム戦争や東京オリンピックによる特需によって年を追うごとに発展してゆき、1968年にはついに、日本はGNP(国民総生産)で世界第2位の地位を獲得。終戦後わずか20年あまりでアメリカに次ぐ経済大国になったことで日本は「東洋の奇跡」と称された。

しかし、1971年の「ニクソン・ショック」で円が実質的に切り上げられたこと、そして、73年の第四次中東戦争をきっかけに発生したオイル・ショックによって日本経済は戦後初めてのマイナス成長を記録。これをもって高度経済成長時代は終焉し、その後は安定成長期へと移行していくこととなった。

「大きいことはいいことだ」

高度経済成長の牽引役を果たしたのは、鉄鋼や造船などの重工業であった。つまり、今とは異なり、重厚長大の経済構造だったわけだ。また、一般的な風潮としては「大きいことはいいことだ」と考えられていた。東京や大阪などの大都市も、人口集中で急速に膨張し、大都市の過密・公害問題と地方の過疎問題が発生。これが田中角栄が唱えた「日本列島改造論」の素地となった。

田中角栄が総理大臣だった前後の主なできごと

冬季五輪札幌大会。スキー・ジャンプで日本選手が金銀銅メダル独占。「日の丸飛行隊」と呼ばれた（1972年2月）

作家・三島由紀夫が割腹自殺（1970年11月25日）

浅間山荘に連合赤軍が立てこもり、警備陣と激しい攻防戦を展開（浅間山荘事件／1972年2月）

大阪万博開催（1970年3月〜9月）

日本軍生き残り兵・小野田寛郎氏、約30年ぶりに帰還（1974年3月10日）

銀座・新宿・池袋・浅草で歩行者天国始まる（1970年8月）

巨人軍・長嶋茂雄選手現役引退。「わが巨人軍は永久に不滅です！」（1974年10月14日）

国会議員としての実績は史上1位!?

成立させた議員立法33件 今でも記録として残る

金脈問題で政権の座を追われた田中角栄は、その後の政界に政治＝金という悪弊を残した。だが、その一方で彼は、他の政治家が足元にも及ばないほどの実績を残した。とりわけ法律の作成に熱心で、彼が成立させた議員立法の数は実に33件にも及ぶ。これはいまだに破られていない記録である。

田中角栄が手がけた法律には道路、住宅、国土開発に関するものが多く、それが結果的に利益誘導や利権の温床になったとの批判もある。その反面、国民の生活環境の整備や社会的弱者への救済支援に役立っていると評価する声もある。

また、田中角栄は外交に関しても大きな足跡を残した。日中国交回復はその最たるものだが、通産大臣時代、前任者が3年かけても解決できなかった日米繊維交渉をわずか3カ月で決着させたことも、彼の大きな業績である。さらには、「日本列島改造論」で都市と農村、表日本（大平洋側）と裏日本（日本海側）の格差を解消しようとしたことも、田中角栄の大きな業績の一つに数えられるべきだろう。

政策を作れんやつは政治家をやめたほうがいい

「政治家の仕事は政策を作って立法化することだ。いわゆる議員立法というやつだ。政策は官僚が作るものと思っていたら時代に取り残される。政策を作れんやつは政治家をやめたほうがいい。わしはこれまでいくつもの議員立法をしてきた。そのためには、夜寝るひまもなく勉強した」

「結局、国会議員が議員立法に取り組まなくなったことが政治家を怠惰にし、自らを選挙屋に貶《おとし》めてしまった」

田中角栄が手がけた主な議員立法

☆**道路法改正**…戦後日本の道路行政の骨格を定めた。

☆**道路整備費の財源等に関する臨時措置法（ガソリン税法）**…道路建設の財源を確保するためにガソリンに税金をかけるようにした。

☆**道路整備特別措置法（有料道路法）**…特定の道路に通行料を課し、道路の建設・整備の財源とした。

☆**国土総合開発法**…天然資源量、災害対策を規定。

☆**高速道路連絡促進法**

☆**新幹線建設促進法**

☆**住宅金融公庫法**…マイホーム建設の夢を持つ人に政府系金融機関が資金を貸し付けるようにした。今現在、利用している人がたくさんいる。

☆**公営住宅法**…母子家庭や引き揚げ者を対象に、各地に大規模団地を建設。

COFFEE BREAK

「角さん」という男

●健康には人一倍気をつかった

エネルギッシュで、一見頑健そうに見えた。しかし、子どもの頃は虚弱体質で、軍隊時代は肺炎を患い、生死の境をさまよったこともあるという。だから、健康には人一倍気をつかった。「心身ともに健康であれ」と、よく言っていた。しかし、後には酒を浴びるように飲むことも多くなった。それだけ政治家として、首相としてのストレスも多かったということだろう。

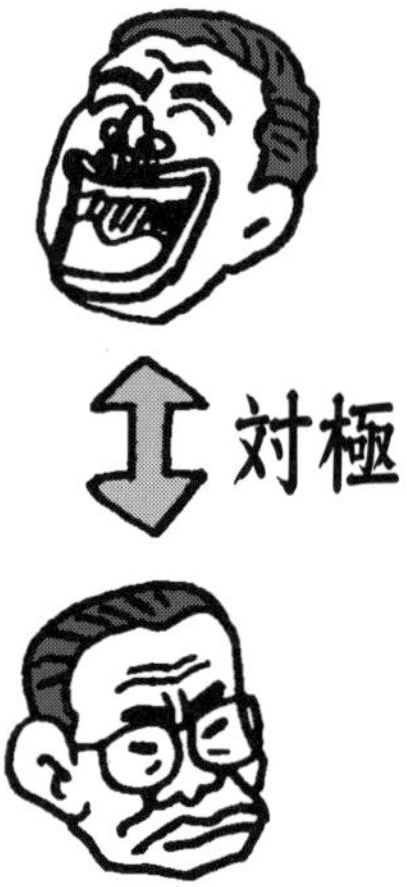

●顔はいわゆる「福相」

その人となりは顔に表れるという。「顔相」で見ると開放的、外交的な性格。実行力があり、スケールの大きい発想をする人物で、実業家としても成功すると若い頃からいわれていた。

政治の頂点に立ってからも顔はツヤツヤで、ゴルフ焼け。おまけに「福相」だから結婚式や祝い事、政治家のパーティや選挙活動などのはなやかな席にはぴったり。

角栄の対極にいるとされたのが、後に首相になった三木武夫《みきたけお》。彼は“葬式に向く顔”といわれた。常に苦虫をつぶしたような表情。悲しみが伝わってくる感じ。

明るく、馬力がありそうな角栄の顔と雰囲気は、もって生まれた天性と、社会に出てから身につけたものでもあったろう。

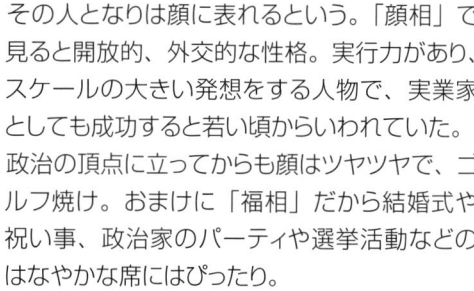

第1章 田中角栄の青春時代

なぜ小学校までしか行かなかったのか?

父の事業の失敗逆境に強い精神が育つ

田中角栄は1918(大正7)年5月4日、新潟県刈羽郡二田村(現在の柏崎市)に生まれた。父は角次、母はふめ。この両親の間に3人の女の子がいたものの男の子はなく、半ばあきらめかけていたところに恵まれた男の子が角栄である。

田中家は代々7、8反の田んぼを持つ農家であった。だが、農業があまり好きでなかった父の角次は、牛馬商を営むかたわら競走馬を何頭か持ち、各地の草競馬場を転々とするばかりで、田んぼ仕事はもっぱらふめにやらせていた。そういう父のことを角栄少年は好きになれなかったようだが、経済的には比較的恵まれた環境で幼年期を過ごしたらしい。

ところが、角栄少年が小学生のとき、田中家の経済事情は暗転する。父親がオランダから輸入したホルスタイン種の種牛3頭が、新潟に着くと同時にことごとく死んでしまい、大きな借財を背負うことになったのだ。これを境に田中家は経済的に苦しくなり、角栄少年は中学進学をあきらめ、高等小学校へ進むことになるのである。

成績はいつでもトップ

角栄少年の小学校1、2年のころはさほど目立った存在ではなかった。だが、4年生くらいになると、彼はぐっと頭角を現し、利発で活発で、頭の切れる少年であることを周囲の誰もが認めるようになった。彼の成績表は今でも二田小学校に残されているが、1年のときだけ2番で、あとは卒業までずっと首席で通し、級長(クラス委員)を務めた。栴檀《せんだん》は双葉《ふたば》より芳《かんば》しという諺どおりのエピソードだ。

1918年5月4日、
新潟県刈羽郡
二田村の田中――。
おぎゃあ
おぎゃあ
おぎゃあ
母ふめ
角栄と
名付け
よう！
父角次
男の子は
あきらめかけて
いただけに
うれしいわい
これから
競走馬の
買い付けに
行ってくる
田んぼは
ふめ
おまえに
まかせた…

必死の努力でドモリを克服した角栄少年

「他人を見返してやる」の一念で

田中角栄は3歳のときにジフテリアにかかり、高熱を出して生死不明の境をさまよった。この大病がもとで彼はドモリ（吃音症）になったと、家族から言われていた。ジフテリアにかかるとドモリになるのかどうか、今でも真偽のほどは定かではないが、彼が小さいころからひどいドモリであったのは間違いないらしい。

「ドモリとは奇妙なものだ。寝言や歌を歌うとき、妹や目下の人と話すときはドモらない。まして飼い犬に話しかけるときには絶対にドモらないが、目上の人と話すとき不思議とドモるのである」（田中角栄『私の履歴書』日本経済新聞出版社）

そこで、ドモリを治すために彼は何をしたか。毎日毎日、山の奥へ行っては大声を出す訓練をしたのだと自ら語っている。その訓練の成果であろう、その年の学芸会で「弁慶安宅の関」の主役、弁慶を見事に演じて拍手喝采を浴びたという。田中角栄という人は、苦難に直面したとき何としてでも克服しようと努力する人であったと評されているが、それはもって生まれた性質だったのだろう。

仮病を叱られて以後、無欠席を通した

小学校４年の早春、角栄少年は腹痛を起こし、早引けしたことがある。しかも、担任の先生におぶってもらって家まで帰ってきたのだが、家に着くとなぜか急に腹痛が治ってしまった。これを見た父親の角次は仮病だと思い込み、息子を丸裸にして雪の降りしきる戸外へ放り出してしまった。この体験はとてもショックだったらしく、角栄少年はそれ以後、小学校を卒業するまで一日も休まなかったという。

ち ち ち… ちく しょう あ ぁ あいつら…
ドモリ ドモリ ドモリ
あいつらの ばかやろー ドモリを なおすぞー
ばかやろぉてーッ
そして学芸会で…
ばかやろーっ
勧進帳
パチ パチ パチ パチ パチ パチ

日雇い労働者から始まった社会人生活

エリートとは無縁の人生のスタート

１９３３（昭和８）年３月、高等小学校を卒業した角栄少年は当時の日雇い労働者として県の土木事業に従事することになった。当時は大変な不況で、農村には目ぼしい仕事がなかったから、というのがその理由らしいが、朝の５時半から夕方の６時半まで、近在のおじさんやおばさんに交じってトロッコを押して土や石ころを運ぶのが彼が最初に選んだ仕事であるというのは、感慨深いものがある。

その後、一貫して土木・建築畑を歩むことになる彼の人生を考えれば、日雇い労働者とはいえ、土木関連の仕事からスタートしたというのは、どこか将来性を暗示させなくもない。が、それにしても、一国の総理大臣にまで上り詰めた人の社会人第一歩が日雇い労働者であったというのは驚きである。

ただし、この日雇い労働者はわずか１カ月でやめた。その後、彼は柏崎の県土木事務所の雇員（臨時雇いの職員のようなもの）として採用され、公務員として働き始めるのだが、ここで一人の村役場の老職員と出会ったことで、彼のその後の人生が大きく転換することになるのであった。

日雇い労働者を１カ月でやめた理由

日当は男１日 75 銭、女１日 50 銭ということだったが、１カ月後に手にしたのは１日 50 銭ずつの 15 円 50 銭だった。高等小学校を卒業したての少年とはいえ、大人たちの２倍は働いたつもりだった。だから最低でも男と女の中間の１日 65 銭くらいはもらえるものと胸算用していたのに、実際には女と同じ日当だった。これに腹を立て、給金をもらったその日にやめてしまったのだ。かなり激しい気性だったらしい。

こんだけ働いたら一カ月でかなりの賃金がもらえるはずだ…
つっ
あの小僧がんばるなー

ところが…
なんだこの額は…
子どもだからってバカにしやがってぇ！
ムカッ
やめた！やめた！

夢を抱いて上京したものの……

待っていたのは土建会社の小僧生活だった

県の土木事務所のある柏崎には、自転車、ピストンリング、電線などをつくる理化学研究所の工場があった。土木事務所で働き始めて7カ月ほどたったころ、村役場の老職員が理研のトップ、大河内《おおこうち》正敏《まさとし》子爵に向学心に燃える角栄のことを話した。「だったら、東京の私邸で住み込みの書生をしながら中学に通ったらいい。そうしてあげよう」ということになった。これを伝え聞いた角栄少年はとても喜び、その場で上京を決意し、ほどなくして東京へ向かうことになった。

東京に着いた角栄少年はすぐさま大河内邸を訪ねた。だが、出てきた女中に体よく突っぱねられてしまう。話が伝わっていなかったのである。かくして、書生をしながら海城中学の2、3年に編入しようという角栄少年の夢ははかなくも潰《つい》えてしまうのであった。途方に暮れた彼は、仕方なく郷里の先輩を頼って井上工業という土建会社に小僧として住み込むことにしたのであった。昼は、若い同僚と三つの工事現場を回りながら手伝い、夜は神田の中央工学校に通って製図や設計の勉強をするという毎日だったから、ここでの生活は目が回るほど忙しかった。

母ふめが、上京する角栄少年に贈った言葉

「『人間は休養が必要である。しかし、休んでから働くか、働いてから休むか、二つのうち、働いてから休むほうがよい。悪いことをして住めないようになったら郷里に帰ること。金を貸した人の名前は忘れても、借りた人の名前は絶対に忘れてはならない』

　私はこの日の母の言葉を一生忘れない」

（田中角栄『私の履歴書』）

●熱血漢は子どものときから

4年生の級長のとき、グラウンドを占領していた生徒たちをにらみつけて追っぱらい、低学年の生徒にも開放した。熱血派で正義感の強さは、大人になってますます強くなった!?

●夢は小説家だった？

15歳の時、新潮社の雑誌『日の出』創刊号の懸賞小説に応募した。題は「三十年一日の如し」。残念ながら入賞しなかったが、小説家になる夢も持っていたらしい。

●巡洋艦の艦長になる

こんな夢を語ったことがあるという角栄。しかし、社会に出てからは、実業家になる気持ちが高まってきたという。

☆　☆

苦労の末につかんだ成功への足掛かり

理研から大量の仕事を受注。人との偶然の出会いがチャンスに

上京後、田中角栄は職を転々とする。最初に世話になった井上工業は現場監督と喧嘩《けんか》をしてやめてしまい、その後、保険雑誌の記者見習い、小さな貿易会社の社員を経て、最後にたどり着いたのが、中村という人がやっている設計事務所だった。この設計事務所は小さな個人事務所であったが、ここで働き始めたことが田中角栄の運命を大きく花開かせることになるのであった。中村設計事務所では理研の傍系会社から仕事を請け負っていたからである。

ある日のこと、理研・本社ビルのエレベーター内で角栄は偶然、大河内子爵と顔を合わせ、上京の経緯から大河内邸を訪れたときの出来事までつぶさに語った。そのときの態度がよかったからなのかどうか、角栄は大河内子爵に大いに気に入られ、以後、角栄は大河内から特別に可愛がられるようになる。と同時に、理研から大きな仕事も次々と舞い込むようになる。

ここにおいて青年角栄は、実業家としての成功の足掛かりをつかんだのであった。

理研のトップ、大河内子爵との出会い

「私は率直に上京の経緯から今日までのことを述べた。先生はめがねの底の目をニコニコさせて興味深そうに私の話を聞いていたが、最後に『柏崎は農村工業の発祥地で私のいちばん好きなところである。理研もこれから全国的に工場が生まれるが、君は今でも理研に入りたいのか』と言われた。私はあまりに急な話でもあるので今の立場を述べて『考えがまとまり次第、指示をいただきに参ります』と答えた」

（田中角栄『私の履歴書』）

小さな中村設計事務所
中村設計事務所
田中君　理研に行ってきてくれ
はい！

理研か…懐かしい名前だ…

そして、理研・本社ビルのエレベーターの中で…

……

じゃあ君はあのときの！

はい！

以後、角栄は大河内から特別に可愛がられるようになった。これが、後に実業家として大成功する、足掛かりとなったのである。

大河内子爵

19歳で独立。巨万の富を手にした角栄

そして20歳で甲種合格、応召。最前線の満州へ

大河内正敏および理化学研究所とのパイプを作った田中角栄は、ほどなくして中村設計事務所を退社すると同時に「共栄建築事務所」を立ち上げ、神田錦町に事務所兼住宅を構えた。

期待していたとおり、大河内が理化学研究所および傍系会社の仕事を回してくれたので、共栄建築事務所の仕事はいたって順調で、朝6時から夜は11時、12時まで働き続けるという毎日だった。体はきつかった。だが、その分収入は大幅に増え、角栄個人の月収は300円から500円はあったといわれる。15円50銭の給金（給料）に腹を立てた少年が、わずか数年でこれだけの収入を得るようになったのだから、大変な成功といっていい。しかも、まだ19歳の春のことである。

角栄が満20歳に達した1938（昭和13）年、徴兵検査を受け、甲種合格になった。そして、その年の暮れに入隊通知がもたらされ、盛岡騎兵隊第3旅団、第24連隊第一中隊に配属され、満州へ送られることに。だが、厳寒のためか肺炎を患い、わずか1年ほどで内地送還ということになってしまった。

月収が300～500円にもなった!?

「共栄建築事務所」時代の角栄は、毎朝5時には起きていた。昼間は理研の各会社を回って設計の打ち合わせ。夜は技術者と一緒に11時、12時まで図面書き。現役時代の政治家田中角栄も早起きで有名だった。7時前には陳情者や知人が訪れ始めるが、その前に朝刊に目を通したり体操をしたり、1日のスケジュールを確認したりしていた。彼の早起きのクセはこのころに身についたのかもしれない。

中村設計事務所を退社し、
「共栄建築事務所」を
立ち上げた。
順調だった。
共栄建築事務所
田中角栄、
19歳のことで
ある。
わはは
はは
ところが、
20歳になったとき…。
徴兵検査…
角栄は、満州に
送られることになった…。

除隊後、再び実業家に

田中土建工業、飛躍的発展を遂げる

肺炎を患って内地に送還された田中はしばらくの間、仙台の病院で療養していた。その後、病気が回復し除隊になった彼は1941（昭和16）年、神田錦町から飯田橋駅近くに事務所を移し、再び実業家として働き始めた。理研との関係も以前に増して強くなり、43年には個人事務所だった共栄建築事務所を田中土建工業株式会社に組織変更するほどの繁盛ぶりだった。そして翌44年には、理研の工場を朝鮮に移す大規模工事を請け負い、角栄も6名ほどの幹部社員とともに朝鮮に渡り、工事に従事した。

1945（昭和20）年8月15日の終戦の日、彼は朝鮮の大田《テジュン》駅前の旅館にいた。すでにソ連軍は北部国境から侵攻を開始していて、危機は目の前に迫っていた。しかし、彼はこのとき幸運にも、3日後には引き揚げ船に乗ることができた。田中角栄の「角栄」という名前を女性名と勘違いした係官が、優先的に婦女子ばかりを乗せる船に乗せたからであった。かくして角栄が一面焼け野原の東京にたどり着いたのは、終戦から10日後の8月25日のことであった。

桃の節句の日に結婚

角栄が飯田橋に借りた事務所の家主には、はなという一人の娘がいた。はなは以前、婿をもらい、一人娘をもうけていたが、何かの事情で離縁になっていた。角栄は、口数が少なく、よく気の利くはなのことが気に入り、1942（昭和17）年3月3日、桃の節句の日に結婚。約2年後の44（昭和19）年1月14日に生まれたのが、長女眞紀子である。

米の積み込みがすんだ海防艦が舞鶴軍港まで還るので乗るように！
なんだ女と子どもばかりじゃないか…
まず田中菊栄…
これは女の名まえだな…
お おれか？
こうして角栄は、終戦後すぐに朝鮮から引き揚げることができた。
「あなたがたは田中菊栄ほか6名です」にはまいったなぁ わははは…
「角」をくずして書いた字を「菊」と読み違えたのである。

政治家・田中角栄の誕生
27歳で国政に挑戦するも、落選

戦後成金から政治の世界へ

終戦後、日本人のほとんどがその日の生活に困るほど困窮していた。そんな中にあって、田中角栄はかなり恵まれていたといっていい。戦前に成した財産のほとんどが無傷のまま残ったからで、彼は、いわゆる戦後成金になっていた。

１９４５（昭和20）年の暮れ、角栄は、彼の会社の顧問に名を連ねていた進歩党の大物政治家、大麻唯男《おおあさただお》から衆議院議員選挙に立候補しないかと誘われた。角栄は迷った。何しろまだ27歳という若さである。それに、地元新潟での知名度はゼロに等しかった。だが、前々から「社会のために何かをやりたい」という想いを抱いていた角栄は、これを機に政治家になることを決断、選挙に打って出た。だが、結果は次点落選。当選を果たすのは、翌47年のことである。

この年の４月25日に行われた戦後第２回の総選挙で雪辱を果たしたのである。ときに角栄28歳。この若者がのちに国会を舞台に暴れまくり、「コンピュータ付きブルドーザー」と呼ばれるまでになろうとは、このときは誰も想像だにしていなかった。

政治家になれたのはGHQのおかげ？

大麻唯男は当初、角栄に政治献金を頼んだだけで、じつは正式な立候補の誘いをしたわけではなかった。ところが、1946（昭和21）年１月に連合国軍総司令部（ＧＨＱ）が発した公職追放令によって大麻唯男以下進歩党の幹部の多くが追放され、立候補者の確保に苦労することになった。かくして角栄のところにお鉢が回ってきた。もしＧＨＱが公職追放令を出していなかったら、政治家田中角栄は誕生していなかった？

3月10日
柏崎の小学校の
雨天体操場で
立会い演説会が
あった――
……
長グツ…
田中角榮
田中
そして…
私は…
モーニングを
脱げ！
えぇ
おまえの
経歴なんか
どうでも
いい！
田中角榮

吉田茂ら大物政治家に可愛がられ

実力政治家への道を突き進む 30歳で法務政務次官に

田中角栄が初当選を果たした総選挙の結果、第一次吉田茂内閣に代わって誕生したのは社会党・片山哲《かたやまてつ》内閣であった。しかし、同内閣は政権基盤が盤石でなく、翌48（昭和23）年2月末に倒れ、後を襲った芦田均《あしだひとし》内閣もわずか半年しかもたなかった。

そのあと首相になったのは吉田茂であるが、この第二次吉田内閣の組閣に際し、法務政務次官に起用されたのが田中角栄である。当選1回の、しかも弱冠30歳の若者が政務次官というのだから、当時としては破格の抜擢といっていい。また、このとき官房長官に就任したのが後に首相になる佐藤栄作《さとうえいさく》で、これをきっかけに角栄はいわゆる「吉田学校」の一員として加わり、以後、佐藤や池田勇人《いけだはやと》などとの交流が始まっている。

その後、石炭国家管理法に関する収賄《しゅうわい》疑惑などで鳩山一郎《はとやまいちろう》内閣までは下積みの議員時代が続くが、岸信介《きしのぶすけ》内閣の時代になると郵政大臣として初の入閣を果たす。角栄はこれを機に、第二次池田勇人内閣で大蔵大臣、第一次佐藤栄作内閣で大蔵大臣、さらには自民党幹事長と出世街道をとんとん拍子で上り詰めていくのであった。

「三国峠を削って平らにしてしまえ」

「皆さーん、新潟は半年も雪の孤島です。この雪をなくすためにはどうしたらいいと思いますか。上越国境・三国峠の山を削って平らにすればいいんです。そして、削った石や土を新潟の海に埋めて、佐渡と陸続きにする。三国峠が平らになると、水気を含んだ冬の雪は新潟には降らない。関東平野まで行く。海の手前で東京の野郎どもの上に雪が落ちるようになるんです」（選挙演説から）この発想が「日本列島改造論」のベースにあったともいわれている。

初当選を果たすと…
皆さん新潟は半年も雪の孤島です
この雪をなくすことができたらいいと思いませんか？
なあに、上越国境三国峠の山を削って平らにすればいいんです
そして削った石や土を新潟の海に埋めて佐渡と陸続きにする
三国峠が平らになると水気を含んだ冬の雪は新潟には降らない
関東平野まで行く
海の手前で、東京の野郎どもの上に、雪が落ちるようになるんです
がはは
ほー
いいねー

COFFEE BREAK

角栄が唱えた「5つの大切、10の反省」

政治家として全盛をきわめていたころ、角栄は「5つの大切、10の反省」を唱えていた。これは、全国の小学校でも、子どもたちが唱和していたところもあったという。

5つの大切

①人間を大切にしよう。

②自然を大切にしよう。

③時間を大切にしよう。

④モノを大切にしよう。

⑤国、社会を大切にしよう。

10の反省

① 友達と仲良くしただろうか。

② お年寄りに親切にしただろうか。

③ 弱いものいじめをしなかっただろうか。

④ 生き物や草花を大事にしただろうか。

⑤ 約束は守っただろうか。

⑥ 交通ルールを守っただろうか。

⑦ 親や先生など、ひとの意見をよく聞いただろうか。

⑧ 食べ物に好ききらいを言わなかっただろうか。

⑨ ひとに迷惑をかけなかっただろうか。

⑩ 正しいことに勇気を持って行動しただろうか。

第2章

田中角栄の首相時代

角栄、ついに次期首相候補に

「三角大福中」と並び称された実力者の一人 高まる田中総理誕生の期待

勇猛果敢な実行力と決断力で知られた角栄は、下積み時代からすでに頭角を現していたが、閣僚に名を連ねるようになると、彼の行動力と頭脳の明断さはいよいよもって光を増すようになる。そして、4期7年8カ月という長期に及んだ佐藤政権の末期になると、後継首相として角栄の名も取り沙汰されるようになっていた。このとき、角栄とともに名前が挙がっていたのは、三木武夫、大平正芳《おおひらまさよし》、福田赳夫《ふくだたけお》（前総理大臣・福田康夫《やすお》の父）、中曽根康弘《なかそねやすひろ》の4人で、角栄と合わせてこの5人を世間は「三角大福中」と呼び、誰が次の首相の座に就くのか、固唾《かたず》を呑んで見守っていた。

このとき、客観的情勢では福田赳夫が有利とされていた。佐藤は、実兄である岸信介の派閥を引き継いだ福田に政権を禅譲するのではないか、というのが一般的な見方だった。しかし、世間が期待したのは角栄だった。

学歴がなくても苦学力行して政界のトップにのし上がった角栄。数字に強く、行動力と決断力がある「コンピュータ付きブルドーザー」の角栄。義理と人情を解し、きめ細かい気配りのできる角栄……に期待したのである。

「わかったの角さん」

池田勇人内閣のとき、角栄は蔵相という重要ポストに就いた。それ以前、大蔵官僚たちは、次期蔵相として「年配者」「副総理級」「財政に明るい人物」という要望を出していた。ところが、池田首相から蔵相に指名されたのは副総理級どころかまだ44歳の、しかも高等小学校しか出ていない角栄だったから、エリート官僚たちは一様に驚いた。というよりナメてかかった。

しかし、彼らが角栄の実力を認めるまでにそう時間はかからなかった。角栄はとにかく呑みこみが早く、「わかった」を連発した。そんな角栄を評して当時の官僚たちは、「わかったの角さん」と密かに呼び交わしたという。

中
角
あらよっ
三
福
大

庶民宰相の誕生に沸き立つ国民世論

「角福戦争」に勝利し、ついに総理大臣に

角栄は、佐藤栄作内閣が3期目を迎えるころには自他ともに認める佐藤派の柱になっていた。次期総理の呼び声も高く、自らその意思を明らかにしていた。だが、総理の座をわがものとするには、強力なライバル・福田赳夫との総裁レースに勝つ必要があった。

そのころ、佐藤栄作の肚《はら》は福田赳夫への禅譲で固まっていた。このまま手をこまねいていれば総理の座は福田のものになってしまう。そこで角栄は、佐藤にもう1期やらせて、その間に多数派工作をしようと考え、副総裁の川島正二郎《かわしましょうじろう》と一緒になって佐藤4選ムードを盛り上げる。そして、佐藤内閣が4期目に入ると佐藤派の3分の2を握り、実質的に田中派を作り上げてしまう。ここでは、角栄の「政治勘」の鋭さが顔を出す。

1972(昭和47)年7月5日、総裁公選の日。第1回投票では田中角栄156票、福田赳夫150票、大平正芳101票、三木武夫69票で、誰も過半数を獲得できなかった。そこで、角栄と福田の決選投票ということになり、投票の結果、282票対190票で角栄が勝利し、ついに田中角栄総理大臣が誕生するのである。

驚異的な内閣支持率

佐藤政権が4期7年8カ月の長期に及んだため、国民は政治にあきあきしていた。そんなとき登場した高等小学校卒の総理大臣田中を国民の多くが歓迎し、大喝采した。当時の朝日新聞によると新内閣の支持率も62%(不支持率10%)という当時としては驚異的なものであった。この歴代最高記録はしかし、2001(平成13)年、小泉純一郎《こいずみじゅんいちろう》内閣の誕生によって破られた(87.1%…読売新聞調べ)。

……
越山会
……
……
田中ファミリー
政治家・田中角栄が総理大臣になったのは豊富な資金力にもあったといわれる。
よっ
へへえぇ〜っ

の総理大臣誕生！

角栄、自由民主党総裁に選ばれ（1972年7月5日）、
戦後最年少の総理大臣になる（7月7日）

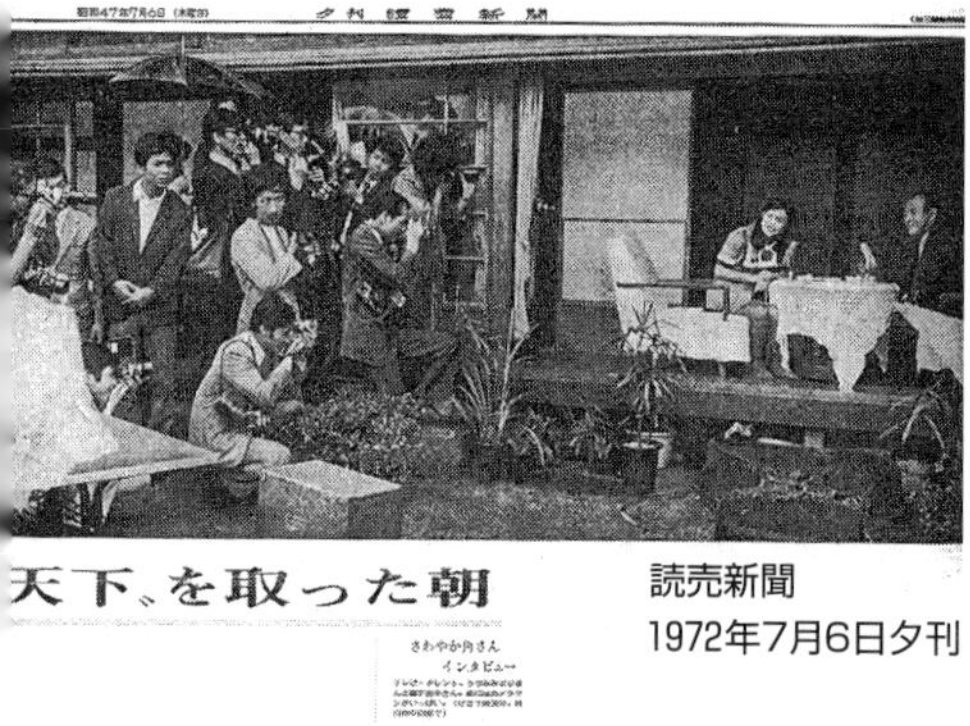

天下〟を取った朝

読売新聞
1972年7月6日夕刊

自民新総裁に田中氏

大差で福田氏降す

決選投票 三派連合が成功

首班にあす指名へ

国民の支援で前進

決選投票結果
投票総数 四七六
有効投票 四七二
田中角栄氏 二八二
福田赳夫氏 一九〇
無効 四

朝日新聞1972年7月5日夕刊

〈グラフ構成〉

戦後最年少、高小卒

今の世の中と同じように、景気は低迷、全体に閉塞感に包まれていた時代に、自民党総裁に田中角栄が選ばれ、54歳、戦後最年少の総理大臣に就任した。日本中の人々が大いに歓迎し、沸きに沸いた。それはまさに熱狂的だったといってもいい。新聞をはじめとするマスコミの報道ぶりからも、そのことは読み取れる。

自民新総裁に田中角栄氏

決選で福田氏破る

92票差 三派連合が奏功

最年少の党人派

決選投票結果

二八二票 田中角栄氏

一九〇票 福田赳夫氏

六代目誕生

毎日新聞1972年7月5日夕刊

証言

高小卒で天下を取る

人間・角栄

毎日新聞1972年7月5日夕刊

日中国交回復を政治課題にするも

今日の日中関係の土台を作った しかし、立ちふさがる台湾問題

新たに誕生した田中角栄内閣は、「決断と実行」を高く掲げ、政策課題として日中国交回復と列島改造を打ち出した。角栄はなぜ日中国交回復を政策課題としたのか。その背景には、この年（72年）の2月にニクソン米大統領が中華人民共和国を訪問し、米中が国交を回復したこと、また、総裁選の際に日中国交回復を条件に三木武夫から支援を受けたことなどが挙げられるが、一番の理由は角栄自身の外交姿勢にある。

それまでの日本外交は、アメリカ一辺倒の対米追従外交であった。これから何とか脱却できないものか。そう考えて角栄は、アメリカと中国を言うなら両天秤《てんびん》にかける自主外交を模索した、というのである。

だが、日中国交回復の実現にはいくつもの難問が立ちはだかっていた。一番の難問は対台湾問題であった。それまで日本は、台湾の国民党政府をもって中国政府であると承認してきた。ところが、北京の中国共産党政権は、日台条約を破棄し、台湾を切り捨てなければ国交回復はあり得ない、という姿勢を鮮明に打ち出してきていた。これは日中国交回復を目指す田中内閣にとって非常な難問であった。

対台湾問題をめぐる意見の対立

台湾切り捨てには、岸信介ら自民党右派の反対が強かった。「怨みに報いるに徳を以てす」として戦争賠償金の請求を放棄した蒋介石の国民党政府を切り捨てるのは国際信義にもとる、というのである。一方、三木武夫、藤山愛一郎《ふじやまあいいちろう》らの親中派は、日中国交回復は時代の趨勢《すうせい》だとして譲らない。これに対して角栄自身は、時代の趨勢というほかに、新市場開拓という視点からも国交回復は必要であると考えていた。

台湾は対日賠償請求を放棄しているが中共政権はいまだ放棄していない…
もし中国側が賠償を請求してきたら天文学的な数字になるかも…
日中国交回復はするべきでない…
しかし、日中の国交回復は時代の流れというだけではないぞ…。
……
新しい市場の開拓という視点からも国交は回復すべし！

カギを握った公明党委員長（当時）の〝竹入メモ〟

日中国交回復に向けた予備折衝

日中国交回復に一役買った野党の政治家がいる。第3代公明党委員長の竹入義勝《たけいりよしかつ》である。彼は、角栄が中国を訪問する2カ月ほど前の7月末、党独自の日中国交回復素案を持って北京を訪れ、周恩来《しゅうおんらい》首相と会見した。このとき周は、日中国交回復に当たっての中国側の条件を示してきた。そこには対日賠償請求権の放棄が表明されており、ハードルとしてはかなり低いものであった。これは千載一遇のチャンスである。相手方の気が変わらないうちに一刻も早く……竹入は帰国するとすぐに角栄と会見し、周との会談の内容を詳細に記したメモ、いわゆる〝竹入メモ〟を渡すと同時に「9月訪中」の確約を取りつけた。

角栄は、このメモをもとに党首脳、外務省首脳と検討し、日本側提案を作成。これを持って、自民党の古井喜実《ふるいよしみ》、田川誠一《たがわせいいち》両代議士が9月9日、北京へ向かうこととなった。また、外務省の担当者や自民党の訪中議員団も北京に向かった。

こうした予備折衝は着実に進められ、いよいよ1972（昭和47）年9月29日の歴史的瞬間を迎えるのである。

土下座外交はしない、と宣言した角栄

北京に向かう前、角栄は秘書の佐藤昭子《さとうあきこ》に向かってこう語ったという。

「日本国の総理大臣として行くのだから、土下座外交はしない。国益を最優先して、向こうと丁々発止やる。いよいよとなったら決裂するかもしれんが、そのすべての責任は俺がかぶる」

政治生命を懸けての訪中だったということである。

自主外交路線を模索する田中…。
よっ
ニクソン
キッシンジャー
田中め
勝手なことを
やりおって…
ああ面白くない！

この日中国交回復交渉という自主外交は、日本が戦後になって初めて、アメリカの承認を得ずに進めたものであった。
がはがは
毛沢東
それまでの日本は、何をするにもアメリカの了解を得た上で外交交渉にあたっていたのである。まるで植民地だ。

キッシンジャー大統領補佐官
あの裏切者め！
がははは
よっ
後に起こるロッキード事件は、田中失脚をねらったアメリカ側の陰謀という説もある。

丁々発止のやりとりも ついに成し得た日中国交回復

決裂の危機を乗り越えて

田中首相と大平外相、二階堂官房長官ら随行員50人が日航特別機で北京空港に降り立ったのは9月25日であった。空港には周恩来首相、葉剣英党軍事委副主席、郭沫若日中友好協会名誉会長、姫鵬飛外相等、中国政府要人多数が出迎え、歓迎ムード一色になった。

だが、首脳会談の場は必ずしも歓迎一色ではなく、緊張感に包まれた丁々発止のやりとりが行われたという。また、晩餐会で田中が日中戦争に関して謝罪したとき、通訳が誤訳したことから雰囲気が険悪になり、あわや決裂か、ということもあった。

しかし、日中両国首脳は懸命に歩み寄り、共同声明の案文を双方が確認し合うことができたのは、9月28日の午後から開かれた第4回の首脳会談の場においてだった。

そして、9月29日午前10時50分から北京の人民大会堂で、「日本国政府と中華人民共和国との共同声明」の調印式が行われ、ここにおいて角栄が政策課題として掲げていた日中国交回復がついに成ったのであった。

「喧嘩をしてこそ仲良くなれます」

9月27日、田中首相は招きに応じて、北京市中南海に住む毛沢東中国共産党主席を訪問した。このとき毛主席が、「もう周首相との喧嘩はすみましたか。喧嘩をしてこそ初めて仲良くなれます」と言ったということが、今日でも語り草になっている。また、会談が決裂しそうになったとき、周恩来首相が「小異を捨てて大同に進もう」と語ったことも、交渉の裏話として残っている。

田中内閣が
スタートした直後の
7月10日、
上海バレエ団の一行が
来日した。
団長の孫《そん》は、
中日友好協会
副会長であった。

そして、
7月22日の
ホテルオークラにて…。
北京の気候は
いつが最も
よろしいで
しょうか?
あ～～
9月か
10月が
よろしいで
しょう
大平外相

北京の空が
最も晴れ上がる
季節です
あ～～
う～～
孫は、暗に9月訪問を
促したのである。
そして、9月25日、
角栄らは北京空港に
降り立ったのである。

の仕事「日中国交回復」

田中首相、毛主席と会見

昨夜、私邸でなごやかに

けんかしたから仲よくなれる

毛主席語る

毛沢東主席

国交樹立秒読み

「戦争終結」で詰め

三回目の外相会談

読売新聞
1972年9月28日

周首相と握手する田中首相

日中いま握手

首脳会談スタート

国交への願いこめ

周首相はじめ最高の歓迎

北京空港は秋晴れ

互譲の心で合意を確信

田中首相

断絶終った瞬間

音もなく一つに

朝日新聞
1972年9月25日夕刊

〈グラフ構成〉

国運をかけた、角栄の最大

「政治にはスピードが大事なのだ」といっていた角栄は、総理大臣に就任すると、まず日中国交回復に取り組んだ。それはまさに“電光石火の早業”ともいえる大きな仕事であった。マスコミは、連日好意的に日中の交渉を詳しく報じた。国交樹立がなる前夜、角栄は毛沢東主席の私邸での会談にも臨んだ。その際、毛沢東主席が言った『けんかしたから仲よくなれる』との言葉を大きく報じた新聞もあった。角栄ならではの国運をかけた大事業であった。

日中、国交へ急テンポ

なごやかに

基本方針で合意 第一回首脳会談

長い友好の一歩に 夕食会であいさつ

戦争終結はまだ 周首相

不幸な歴史反省 田中首相

朝日新聞 1972年9月26日

「日中友好条約」調印式（北京・人民大会堂で。1972年9月26日）

日本を住みよい国に

動き始めた日本列島改造計画構想は良かったが、のちに窮地に

決断力と実行力がウリの角栄は、即断即決のスピードの人でもあった。田中内閣がスタートして間もない8月7日、彼が掲げたもう一つの政策課題、日本列島改造に向けて私的諮問機関「日本列島改造問題懇談会」を発足させたところにも、それは如実に現れている。

高度経済成長の真っ只中にあった当時、物価の上昇、公害、人口の過疎・過密など、さまざまな弊害が深刻化していた。これらを、総裁公選に向けて発表した角栄の持論「日本列島改造論」に基づきながら改善し、日本列島を住みよくする、というのが列島改造懇の目的であった。

具体的には、●工場を過密な都市から過疎の農村に移動させ、労働力を過疎地帯に呼び戻す。●日本列島全体を高速道路や新幹線などの交通ネットワークで結び、地方の工業を興す。●人口25万人規模の中核都市を全国に作り、その都市を中心として公害のない住みよい空間を作る、というものであった。

構想は良かった。が、後にこの計画が結果的に田中内閣を窮地に追いやることになるとは、角栄自身、このときは思いもよらなかっただろう。

角栄は“格差のない社会”を目指した？

『日本列島改造論』は都市と地方、金持ちと貧乏人の格差をなくすのが目的であった。かつて「三国峠を削ってしまえば新潟には雪が降らなくなる」と演説した田中の心の中には常に貧しい郷里、新潟への想いがあり、東京との格差をなくしたいという情熱が『日本列島改造論』を書かせたといわれている。ちなみに、角栄と正反対のことをやったのが平成13年に就任した小泉元首相で、今の格差社会は彼が作り出したという見方もある。

佐藤内閣時代の田中角栄は、自民党の都市政策調査会長だった。
ちょっとやってもらいたいことがある…
若手官僚や私設秘書の早坂茂三《はやさかしげぞう》たち
地方の過疎と都市の過密、これはつながっている
いっぺん解消せねば手遅れになってしまう
過疎・過密の同時解消をすべく思い切った国土政策を断行しよう！
諸君は全身全霊知恵を絞って、政策作りに打ち込んでくれ！全責任はわしが持つ！
日本列島改造論
こうしてできた都市計画大綱が、「日本列島改造論」のベースとなった。

改造論」

田中角栄著
日本列島改造論

全国新幹線鉄道網理想図

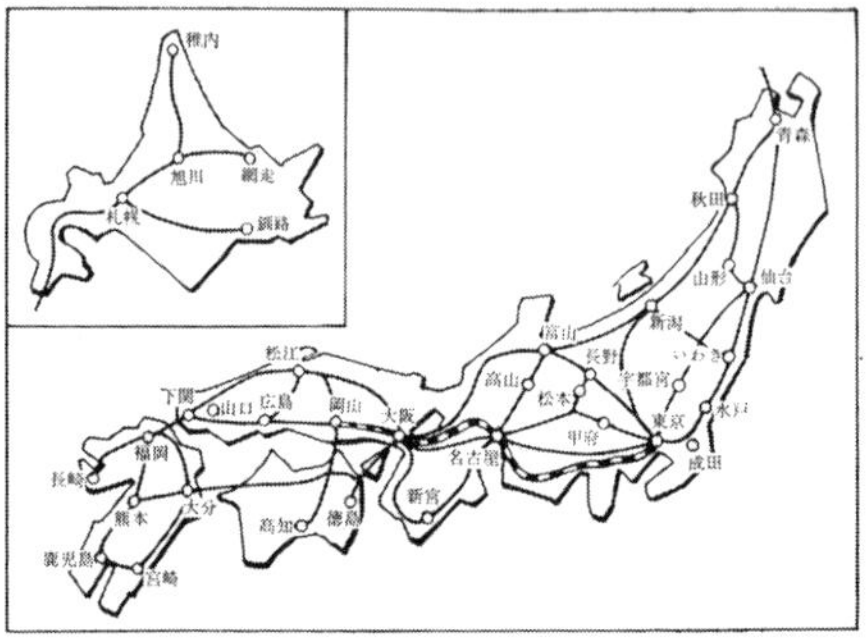
稚内
旭川
網走
札幌
釧路
青森
秋田
山形
仙台
新潟
高山
長野
いわき
宇都宮
松本
水戸
甲府
東京
成田
名古屋
大阪
松江
岡山
広島
山口
下関
福岡
長崎
熊本
大分
鹿児島
宮崎
高知
徳島
新宮

■『日本列島改造論』で掲げた7大提言

☆全国に高速道路1万km、新幹線を9000km整備する。
☆リニアモーター式の時速500kmの新幹線を開発する。
☆本州と四国間に連絡橋を3つ建設し、西日本を一体化する。
☆全国にダムを1000基作る。
☆基幹資源型産業を北東、南西地域に再配置する。
☆人口25万人の田園工業都市を各地に建設する。
☆有線テレビ、テレビ電話、データ通信で情報化を推進する。

〜〜〜〜〜〜〜〜〜〜1972年当時と現在の日本の変わりよう〜〜〜〜〜〜〜〜〜〜

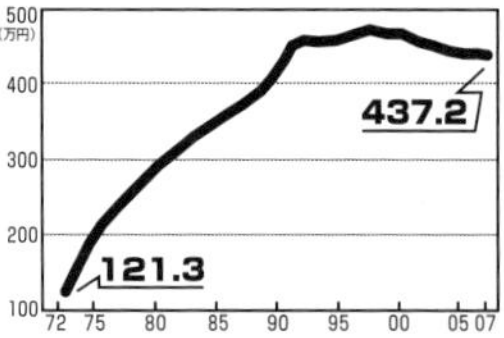
(万円)
437.2
121.3

サラリーマンの平均年収

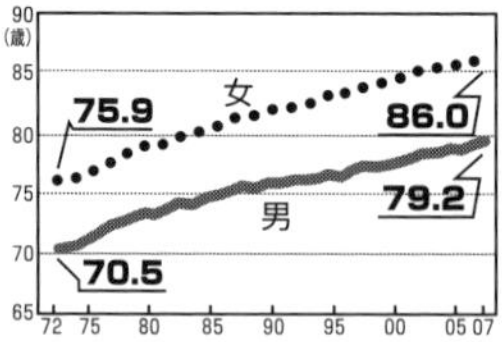
(歳)
女
75.9
86.0
男
79.2
70.5

平均寿命

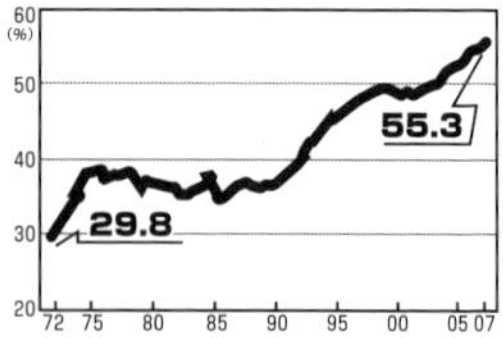
(%)
55.3
29.8

大学進学率

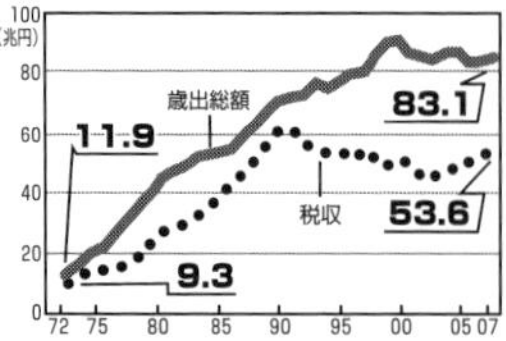
(兆円)
歳出総額
11.9
83.1
税収
53.6
9.3

一般会計における税収と歳出

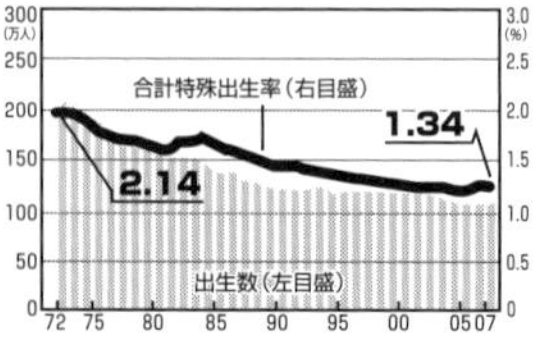
(万人)
合計特殊出生率（右目盛）
1.34
2.14
出生数（左目盛）

出生数及び合計特殊出生率の推移

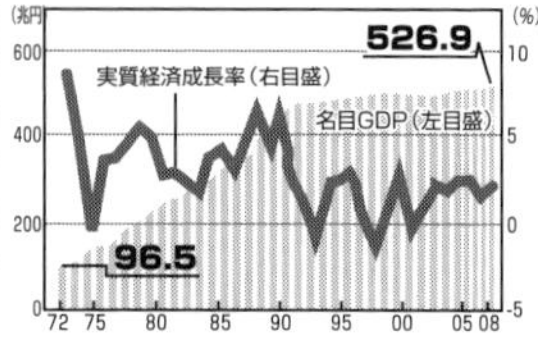
(兆円)
(%)
526.9
実質経済成長率（右目盛）
名目GDP（左目盛）
96.5

GDPの推移

卓抜な構想力。
国民を熱狂させた「日本列島

角栄の政策の集大成ともいわれる『日本列島改造論』は、今でいう“政治家本”のはしりと言ってもいい。この分野での最大のベストセラーである。発売後たちまち88万部を記録した。37年前の日本国民はこの本に熱狂し、国の未来像を明るく想像し、期待した。
この本が発刊された1972（昭和47）年６月。戦後の急激な高度成長の影として、都市化の一極集中が進み、一方では地方の過疎化や公害など、時代の空気が暗かった。こうした中で角栄が掲げる大胆な提言はユニークであり、今日の国の姿を大胆に描いた。多くの提言は、今では実現しているものもあり、その着想、構想力には改めて舌を巻くばかりだ。

国土開発幹線自動車道路網図

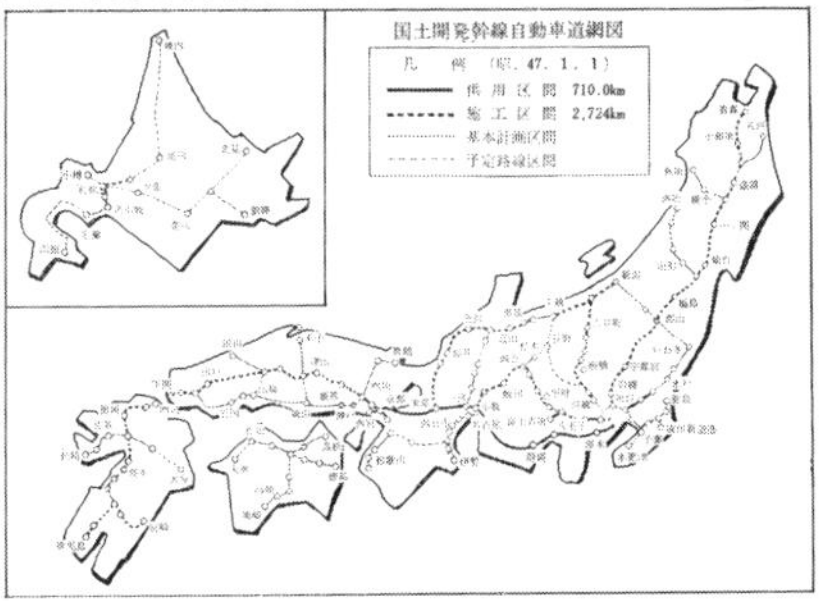

本州四国連絡橋のルート

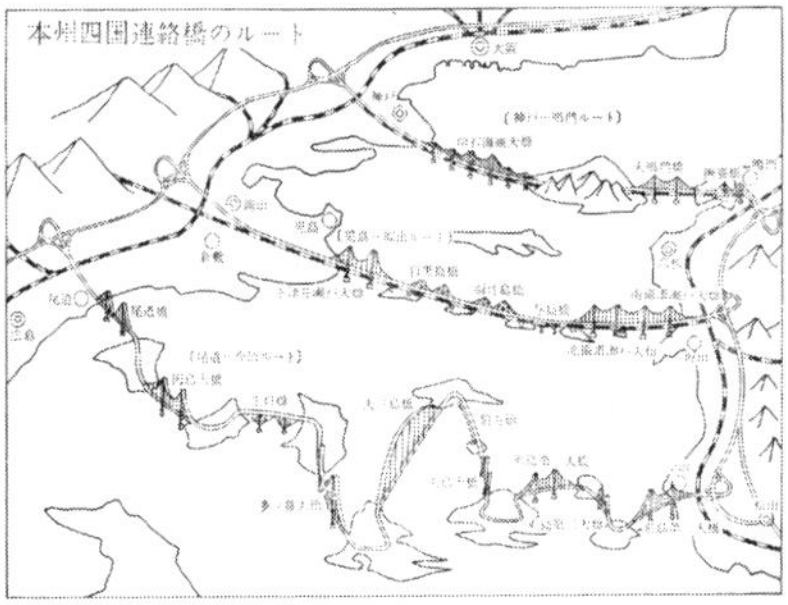

今の時代も同じ？　総論賛成、各論反対

修正を余儀なくされた日本列島改造計画

　日本列島改造を行うために田中内閣がまず着手したのは、「工業再配置促進法」の制定であった。この法律は「過度に工業が集積している地域から工業の集積の程度が低い地域への工場の移転を促進し、国民経済の健全な発展を図る」ことを目的としており、全国の34都道府県を特別誘致地域、つまり工場の移転を受け入れる地区として指定すると同時に、大阪市や神戸市、堺市などを工場を移転させる地域として指定した。

　その際、工場誘致地域に指定された地域には国から工場誘致補助金が支給される一方、工場移転促進地域に指定されると、移転せずに残っている工場は「追い出し税」がかけられることが盛り込まれた。補助金がもらえるのと税金を取られるのとでは、天地ほどの違いがある。

　そのため、都市圏では移転促進地域に指定されるのをまぬがれようとする激しい運動が、反対に地方では、誘致地域に指定してもらおうとする激しい運動が起こり、原案は修正を余儀なくされた。その結果、工場受け入れの誘致地域は原案の15％増、移転促進地域は50％減となって最終決定された。

ハーマン・カーンも褒めた「日本列島改造論」

　アメリカの著名な未来学者、ハーマン・カーンが官邸を訪れ、「これは大変立派な計画だ。日本が軍事大国にならずに、むしろ平和大国となるための壮大なビジョンである」と激賞したという話が伝わっている。彼はその著『超大国日本の挑戦』（1970年）の中で「21世紀は日本の世紀」と持ち上げるほど日本びいきで知られていたが、さて、彼の未来予想は当たっていたのか、当たっていなかったのか……。

中小企業
工業再配置計画というけど、親会社が地方へ移転したらどうなるんだ…

そうなりゃあおれたち下請け業者も移転しなきゃなんないのか？

おいおいよしてくれよ～

だけど、おれんとこは資金難で移転する金なんてないよ～

うちも～

おれたちも反対するぞ！

労働組合
こっちも反対だ！この法律はよくない！

親会社
「日本列島改造論」は、当初、多くの人から支持を得た。

しかし、それはあくまで総論としての支持であり、各論となると、世論は必ずしも賛成というわけではなかったのである。

……

地価、物価の暴騰で
半年もしないうちに悪評ふんぷん「日本列島改造計画」

「工業再配置促進法」への反対の声も列島改造計画の障壁になった。だが、それ以上に大きく立ちふさがったのは地価の高騰だった。

「工場移転促進地域」と「工場誘致地域」の指定をめぐって各地で激しい運動が展開されたことは先に述べたとおりだが、工場誘致地区に指定された候補地周辺の地価の値上がりを当て込んだ、商社をはじめとする大企業が次々と買い占めるようになったからたまらない。地価はあっという間に暴騰した。これは、角栄にとっては想定外だったらしい。

１９７３（昭和48）年4月、建設省が公表した全国５４９０地点の地価は全国平均で約30％、首都圏にかぎれば35％も暴騰したことを示していた。高騰したのは土地だけではなかった。一般物価も凄まじいばかりの勢いで高騰し、毎月１・５～２・０％ずつ上昇し続けた。

わずか半年ばかり前には「今太閤」「庶民宰相」と喝采を浴びた角栄だったが、ここに至ってはもやは昔日の面影はなく、人心は離れる一方となった。角栄の着想の素晴らしさは誰もが認めた。が、結局のところ「列島改造＝公害の地方への拡散」という悪評を生んだだけであった。

総選挙に惨敗。「選挙の神様」は地に堕ちた？

幹事長時代から「田中は選挙に強い」といわれ、自民党内では「選挙の神様」的存在だった。ところが、その田中が首相として初めて迎えた1972（昭和47）年12月10日の総選挙で自民党は惨敗。30議席も減らして271議席になった。結党以来最低の議席数である。「インフレは日本列島改造をやった田中がもたらした」という野党の主張を国民が支持した形となった。

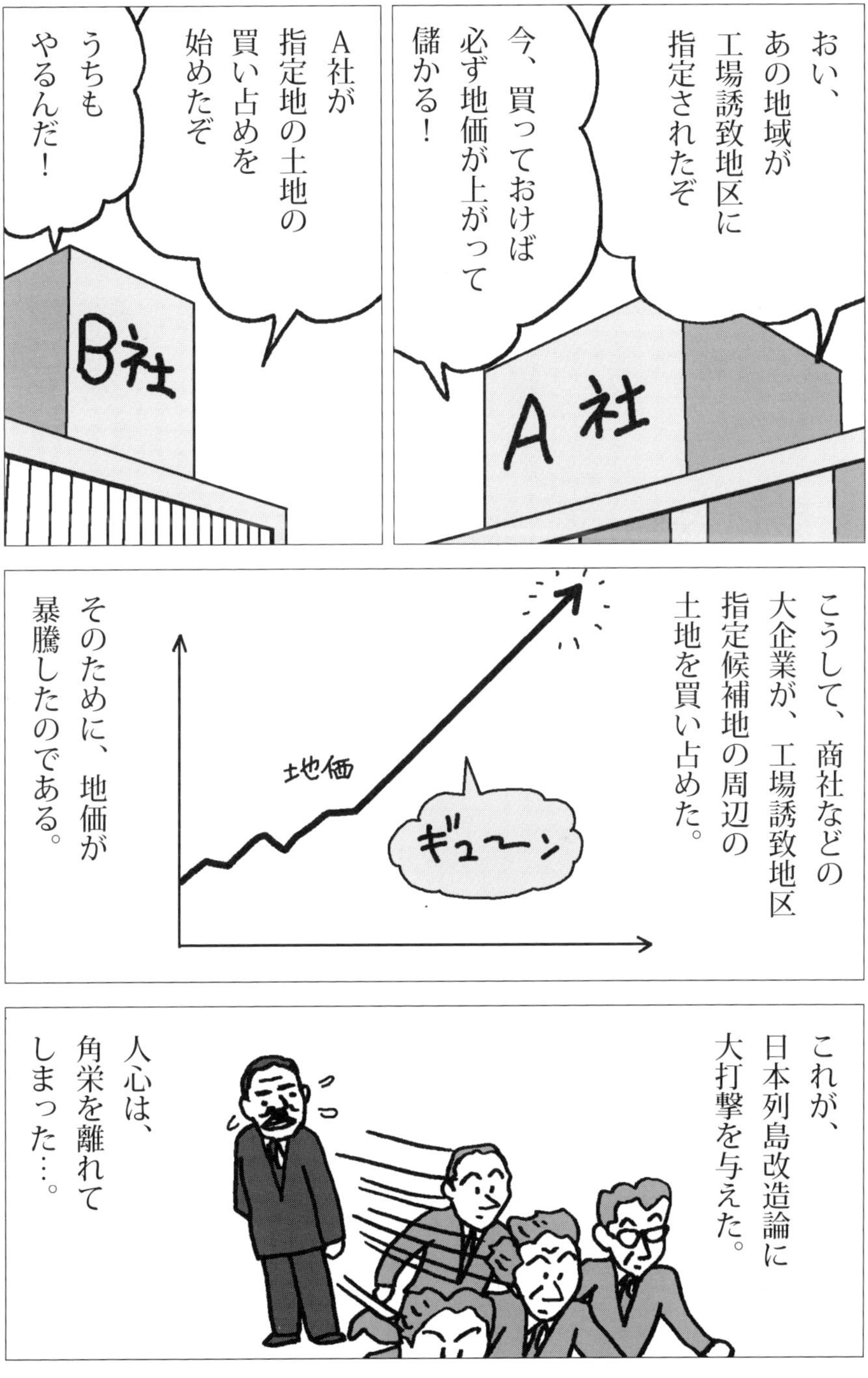
おい、あの地域が工場誘致地区に指定されたぞ
今、買っておけば必ず地価が上がって儲かる！
A社
A社が指定地の土地の買い占めを始めたぞ
うちもやるんだ！
B社
こうして、商社などの大企業が、工場誘致地区指定候補地の周辺の土地を買い占めた。
そのために、地価が暴騰したのである。
地価
ギューン
これが、日本列島改造論に大打撃を与えた。
人心は、角栄を離れてしまった…。

まさしく狂乱物価の世の中に

オイル・ショックに打ち砕かれた「日本列島改造計画」

立ち往生する日本列島改造計画に、あたかもトドメを刺すかのようにオイル・ショックが日本列島を襲ったのは1973（昭和48）年の秋だった。アラブ石油輸出国機構（OAPEC）が、この10月6日に勃発した第四次中東戦争を有利に導こうと、イスラエル友好国に対する原油価格の値上げと原油の供給削減を決定。このため、原油価格は一挙に4倍にまで急騰し、折りから進んでいたインフレの昂進と相まって、日本は未曽有の経済危機に突入したのである。

「まさに狂乱物価だ」……行政管理庁長官の福田赳夫がいみじくも言ったこの言葉に象徴されるように、地価や物価の高騰はとどまるところを知らなかった。国民は一種のパニック状態に陥り、トイレットペーパーが店頭から消えるという事態にまでなった。

もはや列島改造を云々しているときではない。田中内閣は「石油緊急対策要綱」「消費節約運動」「官公庁制約要綱」をたて続けに発表。事態の収束に努めたが、涙ぐましいまでの努力も効果らしい効果を見ることはなく、かえって国民の不安心理を煽る結果となった。

トイレットペーパー騒動

1973（昭和48）年秋、大阪のあるスーパーマーケットがトイレットペーパーを特売するに当たり、「すぐに売れ切れます」と広告を貼り出したところ、300人近い主婦の列ができ、2時間ほどの間に500個ほどが売り切れた。これが噂となって、あっという間に全国に波及。「石油がなくなる→トイレットペーパーがなくなる」という不安心理をかき立てられた全国の主婦が争ってトイレットペーパーを買い求めた。

11月1日
大阪千里のスーパーマーケット
◎トイレットペーパーの特売
"すぐに売り切れます!"
300人近い主婦で、500個ほどのトイレットペーパーが、2時間ほどで売り切れてしまった。
これが噂となり、あっという間に全国に波及。
石油がなくなる…
てことは、トイレットペーパーがなくなる…
わあああああああ
早く買わないとなくなる~

喫緊の課題はインフレ抑制

列島改造計画、失速す 福田赳夫に頭が上がらぬ角栄

日本列島がオイル・ショックで騒然としていたさなかの11月23日、田中が右腕と頼む蔵相の愛知《あいち》揆一《きいち》が急逝した。これを機に、角栄は体制強化をねらって、翌々日の25日に内閣改造を断行。愛知のあとの蔵相として、財政通と評判の福田赳夫を起用した。

福田は長年のライバルであるばかりでなく、経済政策的にも角栄の高度成長に反対して安定成長・インフレ抑制を主張する、言うなれば対極的存在であった。その福田を蔵相に据えれば、列島改造計画が大幅に後退するのは明らかである。

それを覚悟してまで、福田の起用に踏み切らざるを得なかったところに窮地に追い込まれた角栄の苦悩が見てとれるが、それはともかく、蔵相の座に就いた福田は定期預金金利の引き上げや公共事業の抑制など、総需要抑制策を打ち出し、物価の鎮静化に努めた。

ここにおいて、角栄が政策課題としてはなばなしく打ち上げた「日本列島改造計画」は完全に失速し、以後、顧みられることはほとんどなくなってしまったのである。

「わかったの角さん」から「だんまりの角さん」へ

地価の暴騰、インフレの昂進、予期していなかったオイル・ショックの打撃……。このころの田中角栄の悩みは相当に深かったらしく、持ち前の明るさが消え、「だんまりの角さん」と呼ばれるようになってしまった。歯切れがよく、とてもわかりやすかった国会答弁も次第に不明瞭になり、顔面神経痛を患ったためだろう、顔の歪みが誰の目にもわかるようになった。

福田君、たのむよ蔵相になってくれ…

経済がこんなふうになった原因をあんたは何だと思うね？

このと〜り
オイル・ショックだろ？

そうじゃないオイル・ショックは追い討ちだよ
原因は、日本列島改造論だ！

ふん！

あんたが首相になって一年もたっておらんのに物価暴騰で日本経済は大混乱だ！

列島改造のような高度成長的な考え方を改めない限り、経済を修復することはできないね！

わかったよ…

日本経済は全治三カ年だ！

そして、列島改造論は首相たるあんたの私論にすぎない！

成果を上げる資源外交

気迫で勝ち取った日ソ共同声明 しかし北方領土は話がまとまらず

土地と物価の高騰で騒然としていた１９７３（昭和48）年9月26日、角栄は16日間の日程でヨーロッパ訪問旅行へ出発した。

これは資源外交という見地からなされたもので、28日にポンピドー仏大統領と会談し、原子力発電のためのウラン濃縮工場に関する共同声明を発表したのを皮切りに、10月1日にはヒース英首相、10月4日にはブラント西独外相と会談し、それぞれ北海油田の共同開発に関する合意文書、および原子力発電の共同開発に関する合意文書を交わした。

次に角栄が向かったのはモスクワであった。訪問の目的は長年の懸案である北方領土（歯舞《はぼまい》、色丹《しこたん》、択捉《えとろふ》、国後《くなしり》）返還交渉に決着をつけることである。シベリア開発に協力する代わり北方領土を返してもらおうというのだ。だが、敵もさるもの、ブレジネフ書記長はなかなか「うん」と言わないし、その気配さえない。

まさに難攻不落に思えたが、田中の強気の交渉が功を奏し、共同声明の中に、「北方問題は戦後未解決の問題」との一文を明記させることに成功。日本外交史でも特筆すべき成果を上げた。

シベリアの樹木で安価な住宅を

角栄はソ連への経済協力として、シベリアの開発協力を視野に入れていた。その見返りにシベリアの多くの風倒木寸前の樹木を、日本の木材価格の３分の１くらいで引き取り、それを国内の住宅建設に使おうというものであった。国内の住宅単価は安くなり、ソ連も円を回してもらって潤う。なかなかの知恵だったが、そこまで詰められぬうちに、角栄は首相退陣を余儀なくされてしまった。

そこで、北方領土の問題だが…
そろそろシベリア開発問題に入ろうか…
このように、角栄が北方領土問題に言及すると、ソ連側は避けるように別の話題に持っていってしまう。その繰り返しだった。

私は、北方領土問題を話しに来たんだ！
もはや、それ以外は話さん！

「領土」の字句を入れないのなら、
我々は共同声明を出さずに帰国するつもりである！
最後は、ソ連側が共同声明で「領土」の字句を入れることを拒否したが、「未解決の諸問題」の字句を入れることができた。

苦難続きのＡＳＥＡＮ外交

角栄、バンコク、ジャカルタで罵声を浴びる

角栄は東南アジア外交にも力を入れた。内閣を改造して福田赳夫を蔵相に起用した翌年の１９７４（昭和49）年、彼は1月7日から17日まで、東南アジア諸国連合（ＡＳＥＡＮ）５カ国を歴訪した。

当時、東南アジア諸国では日本の過度の経済進出に対する不満が渦巻いており、出発前から困難が予想された訪問であった。果たせるかな、タイではバンコクに着いたその日に、約５０００人の学生デモ隊に取り囲まれ、「さっさと帰れ、日本のエコノミック・アニマル」とシュプレヒコールを浴びるなど、さんざんなスタートとなった。

インドネシアのジャカルタでは、一行が到着した翌日、日本大使館がデモ隊に包囲、投石されたほか、日本企業の社屋が放火され、１０００台以上の日本製の車が破壊された。中国人街でも放火・略奪が起き、死者8人、逮捕者８００人以上に及ぶ、インドネシアの歴史に残る大暴動に発展した。

折悪しく、角栄は顔面神経痛を患っており、歪んだ顔が現地の新聞の一面を飾るなど、報われるところの少ない訪問であった。

対ASEAN関係を修復した「福田ドクトリン」

田中角栄がＡＳＥＡＮを歴訪したころは、ちょうど対日感情が最も悪化していた時期だった。それから３年後、首相に就任した福田赳夫が東南アジアを歴訪し、「心と心の触れ合う相互信頼関係」をベースに日本がＡＳＥＡＮとインドシナ諸国の橋渡しをするとした「福田ドクトリン」を発表すると、対日感情は好転した。以後、東南アジアの対日感情はおおむね良好だといわれている。

タイのバンコクに着くと――。
わい
わい
さっさと帰れ！
日本のエコノミック・アニマルめ！

さらにインドネシアの日本大使館では――。
ガチャン
ジャカルタの暴動原因については諸説ある。

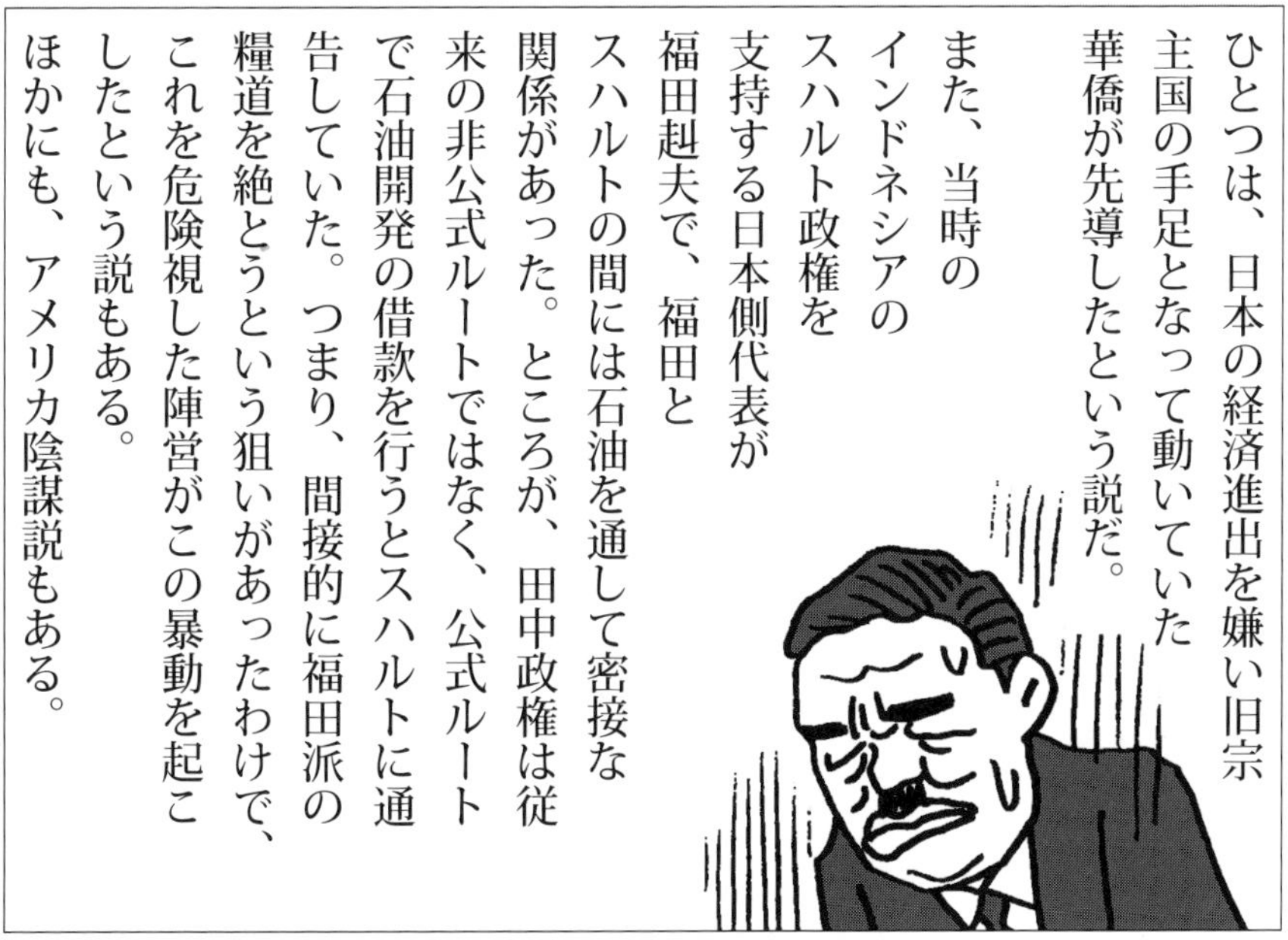
ひとつは、日本の経済進出を嫌い旧宗主国の手足となって動いていた華僑が先導したという説だ。
また、当時のインドネシアのスハルト政権を支持する日本側代表が福田赳夫で、福田とスハルトの間には石油を通して密接な関係があった。ところが、田中政権は従来の非公式ルートではなく、公式ルートで石油開発の借款を行うとスハルトに通告していた。つまり、間接的に福田派の糧道を絶とうという狙いがあったわけで、これを危険視した陣営がこの暴動を起こしたという説もある。
ほかにも、アメリカ陰謀説もある。

緊迫する日韓関係

韓国民主化運動の指導者が拉致された！うやむやのまま終わった金大中事件

首相在任中、田中角栄が外交面で最も頭を悩ませたのは日韓関係だったであろう。

1973（昭和48）年8月8日、金大中《キムデジュン》事件が起きた。韓国の民主化運動の指導者で、アメリカに滞在しながら反政府活動をしていた金大中は1973年の夏、滞在先のアメリカから来日。事件の起きた8月8日は東京・九段にあるホテル・グランドパレスに宿泊していたが、その日の午後、彼は5、6人のグループに襲われ、そのまま韓国に連れ去られたのである。

犯人は誰か。現場に残された指紋から、金東雲《キムドンウン》駐日韓国大使館一等書記官が浮かんできた。日本側は「主権侵害」「捜査・裁判権は日本にある」という立場から、金に警視庁へ任意出頭を求めた。

だが、10月23日になると、韓国側は「金大中事件との関連を調べる」という理由で、金東雲を免職にしたうえで本国に強制帰国させた。11月2日に金鍾泌《キムジョンピル》首相を日本に派遣して遺憾の意を表明したが、事件はうやむやのまま終わってしまった。

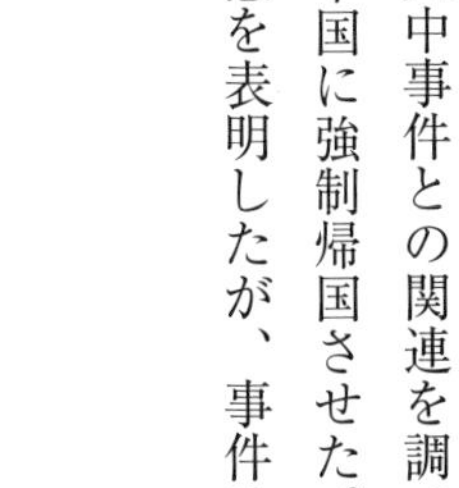

国家の犯罪か？と多くの人は思ったが

朴正熙《パクチョンヒ》は1971（昭和46）年の大統領選挙で金大中に勝つには勝ったが、その差はわずか97万票でしかなく、韓国国内に民主化運動を広めようとする金大中に危機感を覚えた。その後、金大中の車に大型トラックが突っ込んで大けがをさせるなど、不可解な事件が続発していたことから、拉致事件も彼を亡き者にしようとする韓国の国家機関が関与していたのではないか、という見方も少なくなかった。

日本側
金大中事件は主権侵害に値する！
韓国側
あの事件に対し韓国国家機関の関与は断じてない！
う〜ん、この事件の真相をあまり追及しすぎると両国関係を悪化させかねん…
…ということで宮沢君！
わかりました
この一件はなかったことにしましょうよ
宮沢喜一外相
そうしましょう
金鍾泌首相
ところが、２００６年10月24日、韓国国家情報院の「過去事件真相究明委員会」が、突如、あの事件は韓国中央情報部（ＫＣＩＡ）が主導した組織的犯行だったと、公式に発表したのである。

角栄総理、絶体絶命の窮地に〝最大のピンチ〟に追い込まれた

「田中角栄研究」で金脈問題を追及され

1974（昭和49）年10月、月刊誌『文藝春秋』11月号が田中の金脈と女性問題について特集を組み、「田中角栄研究～その金脈と人脈」（立花《たちばな》隆《たかし》）、「淋しき越山会の女王」（児玉隆也《こだまたかや》）という2本の記事を掲載した。

この2本のうちとりわけ世間の耳目を集めたのは「田中角栄研究」のほうで、この中でジャーナリストの立花隆は、角栄が提唱した「日本列島改造論」の裏で、田中ファミリー企業が土地転がしを繰り返しながら金脈・人脈を形成していく過程を克明に描き、国有地払い下げ、実体のない企業経営、脱税など、角栄の政治資金集めには違法性の疑惑があるとした。

『文藝春秋』11月号が発売されると、政界のみならず日本国中がこの話題で持ちきりとなり、日本記者クラブで行われた外国人記者会見でも、質問はこの一点に集中。角栄は流れる汗をぬぐいながら答弁するしかなかった。この記事は、角栄を倒すために福田派がやらせたものだ、という噂も流れた。が、噂の真偽は別として、窮地に立たされていた角栄のトドメを刺す結果となった。

『ニューズウィーク』も伝えた

立花隆の「田中角栄研究」は海外でも注目を集め、『ニューズウィーク』1974年10月14日号は次のように報じた。

「（日本の）品格ある新聞、雑誌は、政府要人の私事について、あまり深く追及しないという伝統がある。にもかかわらず、著名な雑誌『文藝春秋』は、田中首相がどのように私財をたくわえたか、詳細な長文記事を掲載した。（同じように権力者の不正が追及された）ニクソン大統領のウォーターゲート事件に刺激されたようだ」

た、大変です！
ほお〜よく調べて書いてあるなぁ
おれが忘れていたことまでちゃーんと書いてあるぞ
総理〜、そんなのんきなことを言っている場合じゃありませんよ〜
「日本列島改造論」が地価高騰を招いたと書いてあるんです
しかも、田中ファミリーの企業が、土地転がしで政治資金集めに荷担しているっていうんですよ〜
改造論の骨子はおまえたちが作ったんだろ〜
あ〜あ、田中政権も長いことないか…

田中首相を追い詰めた河野謙三の一言

「総理は辞任の腹を固めたようだ」政界で〝ここだけの話〟は、ありえない

立花隆の「田中角栄研究」によって窮地に立たされた角栄ではあったが、その年の10月28日、首相としての務めを果たすべく、かねて予定していたオーストラリア、ニュージーランド、ビルマ3カ国訪問の外遊に出発する日程になっていた。

その直前の25日、角栄は二階堂進《にかいどうすすむ》幹事長に「帰国したら内閣改造を行う。党内をとりまとめておくように」と指示したあと、前尾繁三郎《まえおしげさぶろう》衆議院議長、河野謙三《こうのけんぞう》参議院議長にたて続けに会い、胸中の苦しみを訴えた。角栄としては「ここだけの話」のつもりだったのだろう。

ところが会談後、河野が「総理は元気な様子であったが、現在の政局を深刻に受け止めているのは間違いない。私の見たところ腹は固まっているようだ」と記者団に話したことから、10月26日の朝刊は一斉に、田中・河野会談をトップに掲げ、「首相、辞任表明か」の活字をデカデカと躍らせた。これが、田中の闘志を最終的に砕いた。首相官邸に椎名悦《しいなえつ》三郎《さぶろう》副総裁ら党幹部を招集し、辞任の意向を伝えたのは、外遊に出発する2日前の10月26日のことだった。

河野謙三という人は?

1901（明治34）年、神奈川県生まれ。49（昭和24）年の総選挙で初当選。53（昭和28）年から参議院議員。71（昭和46）年７月から77（昭和52）年７月まで３期６年、参議院議長を務めた。早大時代に箱根駅伝に出場するなどスポーツ振興に熱心で、日本体育協会、陸上競技連盟会長を歴任した。河野洋平《ようへい》衆議院議長は甥にあたる。

田中首相のことだから臨時国会を開いて、国会答弁で金脈問題の疑惑を晴らすにちがいない
それでも野党の攻撃が収まらなかったら、解散・総選挙に打って出るかもしれんな
臨時国会の線はないだろう
強気の角さんだから、最初から解散・総選挙を考えているはずだ
いや、角さんは思い切りのいい男だからな…
もしかすると、ここらあたりで見切りをつけて、意外とあっさり退陣するかもしれない…
Zzz…
ファ～…
ああ疲れているんですね…

退陣表明は竹下官房長官が代読 テレビで聞き入る角栄の目に涙

田中首相、ついに退陣

辞任の意向を漏らした田中が外遊を終えて日本に戻ってきたのは、11月8日のことであった。

その後角栄は、最後の花道を飾るべく、内閣改造・党三役人事に着手。福田、三木、大平など各派閥の領袖《りょうしゅう》に協力を要請した。が、このときの彼らの態度はきわめて冷淡で、三木は「世間は内閣改造をどう見るか。延命策としか見ないだろう。大義名分に乏しい内閣改造には派として協力できない」と突っぱねた。

それでも何とか内閣改造をなし遂げ、11月18日から来日中だったフォード米大統領への応接を無事果たすと、ついに11月26日、退陣表明を発する日がやってきた。声明は首相官邸の会見室で、詰めかけた記者団に向かって竹下登《たけしたのぼる》官房長官が代読した。

これはテレビを通じて全国に流された。その様子を田中は首相執務室で見ていたが、周囲にいた者によると、画面をじっと凝視していた角栄の目からは涙が数行流れ落ちたという。言葉に言い表せないほど無念であり、感慨深いものがあったのだろう。

退陣する角栄に、佐藤栄作がかけた慰めの言葉

ちょうどこの年、ノーベル平和賞を受賞した元総理・佐藤栄作は退陣を決意した田中にこう言った。

「総理大臣というのは孤独なものだ。一度辞めると言ったら、誰も言うことを聞かなくなる。だからぼくも、容易には言えなかった。しかし、決心した以上は君の思うようにやりたまえ。退陣を賭してやれば、後継者の問題はおのずとかたづくはずだ」

田中の退陣表明を竹下登が代弁した――。

「私の決意」

一人の人間として考えるとき、私は裸一貫で郷里を発《た》って以来…

一日も休むことなく、ただ真面目に働き続けてまいりました。

……

顧みまして、いささかの感慨もあります。

しかし、私個人の問題で、かりそめにも世間の誤解を招いたことは、公人として不明、不徳のいたすところであり、耐え難い苦痛を覚えるのであります。

……

私は、いずれ真実を明らかにして、国民の理解を得てまいりたいと考えております…。

ポスト田中をめぐる熾烈な争い

福田か大平か、はたまた党分裂か後継者争いはしかし政治に活気をもたらした

角栄が退陣を表明したことで、ポスト田中をめぐる動きはがぜん激しさを増してきた。有力候補は2人、大平正芳と福田赳夫である。

大平は、角栄退陣のあと総裁公選を行えば勝てる、という肚づもりでいた。田中派は反福田で固まっているから全部とれる。三木派の中には福田と思想的に相容れない者が多く、最低でも3分の1は自分のところに票が流れる。だから絶対に勝てる。そう計算をしていた。

一方、総裁公選では不利になる福田は、公選になれば今まで以上にカネが飛び交い、派閥対立が激化するという理由で、あくまで話し合いによる選出を主張して譲らない。もし総裁公選になれば党を割って出ていく、という動きも見せていた。

田中は、親しくしてきた大平を後継にしたいと考えていた。だが、自らの不祥事で退陣する以上、大平支援を公表することも公選を主張することもできなかった。

そうこうしている間にも、両派の後継争いはますます激しくなり、自民党はあわや分裂かという危機的状況を迎えた。

情報収集に余念がなかった角栄

福田と大平が争っていたとき、角栄は大平の勝利を確信していた。その多くの情報をつかんでいたのだ。このときに限らず角栄は、他の実力者とはまったく異なった独自の情報網を持っていた。誰よりも素早く正確な情報をキャッチすることで常に先手、先手と手を打ち、一般的な情報が他の実力者に流れるころには、どういう流れにも対応できる盤石の態勢をつくり上げていた。これでは、他の誰もが角栄に勝てるわけがなかった。

大平派
自民党の党則では総裁は公選で選ばれることになっている
なにより、選挙という方法がもっとも民主的だ
福田派は公選になるとカネが乱れ飛ぶと言っているが、記名投票にすればそういう事態も避けられる
福田派
たしか、石橋湛山《いしばしたんざん》が引退したときは公選で二位だった岸信介が…、池田勇人が引退したときには、やはり二位の佐藤栄作が総裁になっている
なるほど。だから今回は、先の公選で二位だった福田が総理になるってか…
もし田中があくまで公選にこだわって大平政権を誕生させようとするなら…
新党結成も辞さず！

「党の分裂を回避するには三木武夫しかいない」

調整役〝知恵者・椎名悦三郎〟の登場

公選か話し合いか。党内意見が二分してニッチもサッチもいかなくなったころ、調整役として浮上してきたのが副総裁の椎名悦三郎であった。椎名は、1974（昭和49）年11月30日、自民党本部で開かれた派閥実力者の会合において総裁候補は大平・福田・三木・中曽根の4人である旨を伝えたうえで討議を進め、党や内閣の役職については派閥を超えた全党的人事を行うこと、総裁派閥から幹事長を出さないこと、党の政策立案機能を強化させることなどを合意させた。そして、「今夜もう一晩真剣に考えて、私なりの結論を出したい。明日もまた集まろう」と述べて、会合を閉じた。

椎名は考えた。福田を推せば大角連合が離反する。大平を推せば福田は離党も辞さない。どちらにしても政局は混乱する。かといって一番若い中曽根（当時56歳）では大福が納得しないだろうし、中曽根には将来がある。ここは一番、党近代化を唱えてきた三木を推薦するしかない。三木なら誰も文句を言えんだろう。椎名はその夜のうち、党の長老数人と親しくしている新聞記者に「三木推挙」をそっと伝えた。

椎名悦三郎という人は？

1898（明治31）年、岩手県生まれ。55（昭和30）年、衆議院議員に初当選。自民党政務調査会長、官房長官、通産大臣、外務大臣、自民党副総裁などを歴任。「椎名裁定」で一躍有名になるが、その後、党内改革をめぐり三木と対立。三木おろしを画策する。そのとき椎名は「オレは三木政権の生みの親だが、育てると言った覚えはない」と語ったと伝えられる。政界のドロドロさは、今も昔も同じ、か。

党内調整がうまくゆかず、調整役として浮上した椎名悦三郎の暫定政権構想が持ち上がった。
暫定政権ねぇ…
あれ？否定しないってことは意欲があるってこと？
椎名

椎名の暫定政権だと？
それじゃあ、行司がまわしを締めるようなもんじゃないか
産婆が自分でお産すると言い出したようなもんだ…
相応《ふさわ》しくない！
大平は、総裁公選以外認めずという態度を貫いた。

今なら〝流行語大賞〟!? 三木のつぶやき「青天の霹靂《へきれき》」

絶妙の椎名裁定で三木総理誕生

翌12月1日の午前10時半、前日に引き続いて自民党本部で五者会談が開かれた。そのころには、「椎名は三木を推薦したらしい」との噂は広まっていたが、ただ一人知らなかったのは大平正芳であった。公選論者の彼は、何としてでも話し合いを決裂させたいとの思いでこの場に臨んでいた。しかし、そんな彼の思惑をよそに、椎名はやおら立ちあがって、用意していた裁定文を読み始めた。

「昨日、党の今後の方針と新総裁のやるべきことについては合意された。もはや議論の必要はない。新総裁を私が選定させていただく」

4人の候補者はみな押し黙って聞いていたが、椎名が最後に「三木武夫君をご推挙申し上げます」と読み上げた瞬間、三木が一言、「青天の霹靂だ……」とつぶやいた。三木自身、椎名裁定の結論が自分であることはすでに前夜、知り合いの新聞記者から知らされていた。それに、総裁受諾の挨拶文まで前夜、自分で書いていた。にもかかわらず、「青天の霹靂だ」とつぶやくところが、いかにも老獪《ろうかい》な政治家、三木武夫らしいと、当時大きな話題になった。

「椎名のじいさんもなかなかやるねえ」と角栄

その日、埼玉県のゴルフ場でクラブを振っていた角栄は、側近から椎名裁定の報告を受けると次のように語ったといわれている。

「椎名のじいさんもなかなかやるねえ。反対する者はおらんだろう。無事に決まったなら、もうハーフ回るか」

自民党を混乱に陥れた責任を強く感じていたし、きっと一安心したに違いない。

…新総裁には政界の長老である三木武夫君がもっとも適任であると確信しここにご推挙申し上げます!

なんと…

あ〜

青天の霹靂だ!

私としては夢想だにしなかったことだが…

内外が未曽有の難問をかかえている際、推挙を受けたことは、政治家として光栄これにすぎるものはない。ここには前回次点の福田赳夫氏もいるにもかかわらず推挙を受けたことは、僭越《せんえつ》の感じもする。しかし、時局が一日もゆるがせにできないことは、副総裁のご主旨のとおりであり…。(三木の受諾の言葉)

角栄はその日、ゴルフ場にいた。

ファ〜

COFFEE BREAK

角栄の首相在任期間は、2年5ヵ月でしかなかった!?

　総理大臣として、国民から拍手喝采で迎えられた“庶民宰相”。大きな仕事をいくつも成し遂げ、その功績は歴代総理大臣のなかでも特筆に値するとの評価は高い。 しかし、その在任期間はといえば、わずかに２年５カ月でしかない（1972年７月～74年12月）ことを知ると、驚くばかりである。それだけ、総理大臣としての存在感が当時はもちろん、今でも日本人の中に大きく残っているということである。

■キャッチフレーズは「決断と実行」

●積み残しがあっても、定時発車の政治をする。
●今日の仕事は、明日にのばさない。

■手紙の数で見る田中政権の人気

角栄政権が誕生してから、官邸には月に92万通の郵便物が届いたという。その数は歴代首相のなかでもトップだった。もちろん今の時代のようにメールなどはなく、郵便しかなかったが、その数には驚くばかり。ほとんどが励ましと陳情で、秘書たちが項目別に分類し、統計を出して首相に細かく報告していた。

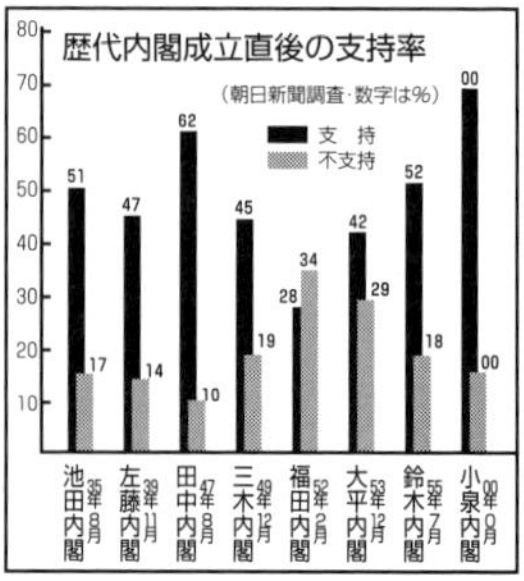

　総理大臣就任直後の支持率はなんと62%、不支持率は10%と、記録的な数字を残している。「角栄ブーム」といわれたゆえんである。

第3章

絶大な人気を勝ち得た、その理由《わけ》は？

政敵をギリギリまで追い込まなかった角栄

橋本龍太郎・宮沢喜一と、田中角栄の相違点

田中派は最盛期、141人というとてつもない数に膨れ上がった。これは何も、カネとポストの〝お手当て〟ばかりによるものではなかった。たとえ争うことがあっても、相手をギリギリまで追い込むことをしないで、やがてまた手を握ることのできる余地を残しておいた賜物といっていい。「親分、助けてくれ」「よっしゃ」で、田中派が膨らんでいったのだ。

その対極にあったのが元首相の橋本龍太郎《はしもとりゅうたろう》であり、宮沢喜一《みやざわきいち》である。両人とも政策の実務能力は抜群だった。だが、たとえば議論をすると相手は徹底的にやりこめられる。場合によっては、悔し涙を流させられることもある。やがて彼らは徹底した敵になってしまう。結局、同志たる人が集まらず、政権基盤は希薄になる。

ために橋本は1998年（平成10年）夏の参議院選敗北をもってミコシを放り投げられるハメになったし、宮沢もまた自民党内の求心力を得ずして総選挙に大敗（93年）、38年続いた自民党政権を転覆させることになった。

土俵際には追い詰めても、土俵の外には押し出さない

敵を多くつくってしまっては、もとよりリーダーとしての基盤は常に危うい。ましてや、相手が立ち上がれなくなるまでやっつければ、敵方の遺恨は永遠に消えない。たとえ対立関係にあっても、徹底的に論破してしまっては相手が救われない。

だから、土俵際には追い詰めるが、土俵の外に押し出してしまう必要はない。それが角栄の行動原理だった。

そうか城を落としたか
秀吉
ならば敵の大将の首だけを取り降伏した将兵は放免せよ！
ははっ

さあ無罪放免じゃ
行ってよし！
かたじけない
さすがは羽柴殿大したご器量だ
あのお方の下で働きたいものだ…

こうして、秀吉に対する世間の評判は良くなり、結果的に秀吉の力を強めることになった。
太閤秀吉
今太閤
田中角栄
秀吉から学んだかどうかは定かでないが、田中のやり方は秀吉によく似ている。

「人と会うのが醍醐味になってこそ本物なのだ」

人と会うことをいとわなかった角栄

「昭和54年4月2日、私のところの議員の地元の青年たちが上京してきた。『田中先生にぜひ会いたい』という。しかし、先生はちょうど風邪を引いていて、39度の熱を出していた。それでも先生は『かまわん、連れて来い』。結局、会ってくれた。先生は『新潟から昨夜帰ってきてね。昔、母から聞いたように、白ネギを首に巻いてタマゴ酒を飲んで布団にくるまっておったんだ。だいぶよくなった』と言われ、約40分、目白のお宅の庭で青年たちに政治のことを諭すように話された。うちの議員は田中派じゃなかったのに、田中先生はここまでやってくれた」（元自民党中曽根派代議士秘書）

「連続して人に会い、疲れて休んでいるとき、お客が切れぬとき、こうした場合でもまず田中さんは会ってくれた。『わざわざ出向いて来たんだから』なんて言いながらね。政治家は人に会うのが商売ですが、私もそこまではなかなかできない。『人と会うのが醍醐味になってこそ本物』と、よくわれわれに諭していた」（中西啓介《なかにしけいすけ》元自民党代議士）

角栄くらい、人と会うことをいとわない人物も珍しかった。

人と会うメリットとは？

多くの人と会えば、まず情報が入ってくる。然るべき人と会えば然るべき情報が入ってくる。だが、いつも第一級情報が入るわけでもない。角栄の場合は広く、誰とでも会った。この幅広い情報アンテナこそ、角栄の実力のベースとなるものであった。ちょっと耳にした話があとになって役立ち、次の一手を決める重要な要素になることがある。政治家のみならず、人の実力は集まる人の数に比例する。

げほ げほ
先生に　ぜひ会いたいという青年たちがお見えですが風邪がひどいということでお断りいたします…

ムクリ
いや会おう…

わざわざ出向いて来たんだから…

連続して人に会い、どんなに疲れていても、田中は会ってくれた。

……

……

人と会うのが醍醐味になってこそ、本物なんだ…。

人の悪口は言わなかった角栄

「悪口を言いたければ便所の中で言え」

毒舌で知られた田中は、面白おかしく的確な人物評価をやった。後に総裁選に立候補した小渕恵三《おぶちけいぞう》、小泉純一郎、梶山静六《かじやませいろく》の3人を「凡人、変人、軍人」と呼んだ娘・眞紀子はそのあたりの遺伝子を受け継いでいるのかもしれない。角栄はしかし、悪しざまに悪口を言ったりはしなかった。自分をロッキード事件で逮捕した三木武夫首相、稲葉《いなば》修《おさむ》法務大臣に対しても、恨み言や露骨な悪口を口にすることはなかった。政界関係者の誰に聞いても、そうした悪口の証言はまず出なかった。

また、一方で角栄は、「1人の悪口を言えば10人の敵を作る。よほど信用している相手に『お前だけに言うが、アレは……』とやれば、1日たたないうちに政界に知らない者なし。1週間たてば日本中が知ることになる。どうしても悪口を言いたければ、1人で便所の中で言え」とも語っている。

まさに角栄の言う通り、「1人の悪口は10人の敵を作る」。人の口に戸は立てられぬ。滅多なことでは人の悪口は言わない。むしろ呑み込んだほうが得策であることを角栄は熟知していたのだろう。

“風見鶏”中曽根康弘との違い

ロッキード事件を機に“風見鶏”の中曽根康弘は、角栄に近づいているのは損とばかり、さっそく角栄との距離を取り始めた。しかし、角栄は名指しでの中曽根批判はやらなかった。ために、機至って角栄と中曽根は再び握手、中曽根が政権を握る中で、角栄もまたキングメーカーとして影響力を保持することができたのであった。「闇将軍」と批判するのは簡単だが、誰でも闇将軍になれるわけではない。

昭和55年5月、先の総選挙敗北の責任を引きずったまま、社会党提出の大平内閣不信任案の採決に対し、福田と三木両派が本会議を欠席したために、賛成可決という事態になってしまった。
これにより、大平首相が衆院を解散し、衆参ダブル選挙に突入した。

田中派は、急遽、緊急会議を開いた――。
私はかつて人の悪口を言ったことは一度もないが今日だけは言わずにはおれん！
政治家は51％公に奉ずるべきであって私情というものは49％に止めておくべきじゃないのか！

自分のためだけにあらゆることをしてテンとして恥じることのない者についてはこれは断固排除せざるを得ない！
我々のグループではこれだけは守ろうではないか！

分け隔てなく誰をも大切にした角栄

「かまわん、オレはこれからメシだが、一緒に食っていかんか」

凄まじい指導力を発揮した角栄は、地位、肩書に関係なく、誰をも大切にした。

選挙母体「越山会《えつざんかい》」の会員をはじめとする当時の新潟3区の選挙民は、連日バスを連ねて陳情や激励のために、朝の東京・目白の田中邸を訪れた。ひとしきりこうした儀式が済むと、広間での朝食に移る。

そんなとき、広間の片隅に角栄へのご進講に参上した省庁の次官、局長がいることがままある。が、そんなことはおかまいなしに、「かまわん、オレはこれからメシだが、一緒に食っていかんか」と、やってきたお百姓のジイサン、バアサンを座敷に上げてしまう。テーブルの上には、丼に山と盛られた鮭の頭と大根の煮つけ、油味噌、豆腐の味噌汁といった角栄好みの新潟の味が並んでいる。これを「角栄独演会」の笑いの中で楽しむのである。

角栄と一緒にメシを食ったジイサン、バアサンは新潟に戻ったあと、感激の面持ちで隣近所に触れ回る。かくして地元との信頼関係は揺るぎないものとなり、選挙では絶対的な強さを誇ったのであった。

角栄は新潟の“神様”

ロッキード裁判の一審判決（実刑）があった直後の総選挙は、「政治倫理」が焦点となった。角栄の新潟３区では、当時参議院議員だった作家の野坂昭如《のさかあきゆき》も立候補するなど、さすがの角栄も苦戦が予想された。ところが、開けてビックリ玉手箱。角栄が集めた票は、世評を裏切る22万という途方もない数だった。角栄が新潟の“神様”であることを改めて証明する結果となった。

ほらほら一緒に食おう
ここにあるのはみ～んなあんたらの作った米や大根なんだ…
そして、じいさん、ばあさんは田舎に戻り…。
いや～まっこと角さんはええ人だよ～
そーよ
なるほどええ人やな～
…もちろん人間だから欠点もあったけど田中は本当に誇り高く誠実な人でした
私も多くの人に裏切られてきたけど田中にはただの一度も裏切られたことがありませんでした！
田中の元秘書
佐藤昭子

偉くなるにはまず大将の懐《ふところ》に入ることだ！

勇将の下で成長した角栄

幼いころから社会の荒波の中で揉まれてきた角栄は、「偉くなるには、まず大将の懐に入ることだ」という知恵を身につけていた。吉田茂に近づき、「吉田十三奉行」の一人になったのも、そうした知恵の為せるわざだったといっていい。

権力そのものといってもいい有能な大将のもとには、あらゆる第一級情報が飛び交い、集まる。そういうところに身を置くと、大将の下にいる側近、将兵たちがどのように動いているかがわかる。主流はどこか、反主流と非主流はどこか。そうした流れを無視して踏み込むと、組織の中では孤立しかねない。そうしたことが、有能な大将の下では学べるのである。

ところが、弱将の下に入ったらたまらない。情報は入らない。人間関係は常にごちゃごちゃしている。しょっちゅう氾濫する川に似て、昨日わが身を浮かばせていたそれは、明日は他の流れに合流してしまっているといった具合だ。要するに「流れに浮かぶうたかた」で、目的意識を満足させてくれることはほとんど期待できない。

「吉田十三奉行」といわれた男たち

吉田茂の有力な側近グループ。メンバーは、池田勇人、佐藤栄作、益谷秀次《ますたにしゅうじ》、林譲治《はやしじょうじ》、周東英雄《すとうひでお》、小金義照《こがねよしてる》、保利《ほり》茂《しげる》、大橋武夫《おおはしたけお》、橋本龍伍《はしもとりゅうご》、愛知揆一、福永健司《ふくながけんじ》、小坂善太《こさかぜんた》郎《ろう》、田中角栄である。ほとんどがエリート官僚出身者で、徒手空拳から這い上がってきた角栄は珍しい存在だった。が、官僚的発想や現行法制度の枠にとらわれないところが似ていたのか、角栄は吉田から可愛がられたと伝えられる。

初当選後の昭和23年3月、吉田茂による民主自由党結成に参加した。
社会主義は終わった
先を読めるのは保守党だ！
…そういや広川弘禅は骨董が趣味だったな
広川代議士
時代モノの春画ではないか！
ありがとう田中君！
田中のやつが私に…
吉田茂
ほ〜田中が…
けっこう気の利くやつです
吉田に気に入られた田中は、後に首相となる佐藤栄作や池田勇人らと「吉田十三奉行」の末席に、名を連ねるようになった。

人間には上も下もないと考えていた角栄

人気の裏にあったのは強烈な平等意識

羽《は》田《た》孜《つとむ》元首相がかつて、新聞記者にこんなエピソードを披露したことがある。

「私の亡くなった父親がまだ入院中のときでした。同じ病院に同僚の梶山静六代議士の運転手も入院していた。私は父親の見舞いの折りには、よくこの運転手の病室にも顔を出していたんだが、ある日、この運転手が青い顔をして言う。『先生、大変なんです。最近はどういうものか、前と違って偉そうな先生が私を診るようになったんです。もしかしたら、私は医学的に特に関心を持たれるような悪い病気じゃないんでしょうか』と。で、私は院長に聞いてみた。すると院長いわく、『いや、田中角栄先生から電話をいただきましてね。どうか、よろしく診てやってほしい』と。田中先生というのは一運転手に対してもかくの通り、常に人を見る目は平等なんです。電話一本というけれど、じゃあ、あなたできるかとなると、誰でもうなだれてしまうんじゃないかな」

さすがに苦労人だけあって目の置きどころが違う。一視同仁の「平等意識」の持ち主だったからこそ、角栄はあれだけの人気を勝ち得たのだろう。

少年のころからすでに胚胎していた平等意識

田中の政治家としての原点は、新潟県の貧しい村で生まれたことであった。それが「暖国政治打破論」として構築されていったといわれる。

言うならば、雪から来る貧富の差への不満や強烈な怒りが政治家へのバネであった。雪は金持ちの屋敷、貧乏人の庭にかまわず平等に降り積もるという、強烈な平等意識があったということだ。

具合はどうですか？
あれ？いつもの先生と違う？
どれどれ…
羽田孜は、父が入院している病院に梶山静六代議士の運転手も入院していたので、この運転手の病室にもちょくちょく顔を出していた。
最近前と違う偉そうな先生が私を診るようになったんです
もしかすると私は医学的に特別な病気じゃないでしょうか？
おれはもうすぐ死ぬ～
羽田孜
…いやいや田中角栄先生から電話をいただきましてね
どうかよろしく診てやってほしいと…
ははは
なるほどそういうことでしたか…

「苦境、悲しみのさなかにあるときこそ力になってやれ！」

人の情を何よりも大切にした角栄

「人の喜び事はとくに励ましてやる必要はない。本人が幸せなんだから。むしろ苦境、悲しみのさなかにあるとき、力になってやるべし」

角栄本人の言葉であるが、彼は相手が弱っているのを見ると「ノー」と言えない男だった。元田中派議員には、こんな証言が山ほど残っている。

「元気なころは、毎年夏の1カ月を軽井沢の別荘で過ごした。ゴルフ三昧の休養が目的で、永田町にどんな用事があってもまず戻らない。オレに会いたいならこっちに来い、という姿勢だった。国会議員の『励ます会』、パーティ、知人の結婚式の出席要請も、ほとんど出ることはなかった。しかし、こと葬儀となると必ず出席した。亡くなったと知れば通夜に駆けつけ、そのあと本葬にも出た。そのためには、ときにはわざわざヘリコプターを飛ばして、必ず二度、仏前に立つ。単なる人気取りのためなら、とてもここまではできない。本当に人の悲しみ、苦しみに涙する人だったな。だから、人がついてきた」

現在の政治家には改めて教訓となる話ではないか。

側近の自殺後も家族の面倒を見た

「田中さんが総理のときに、警察庁からの出向で秘書官を務めたSという人物が、自分の部下である警察官の犯した事件を苦にして自殺した。また、ロッキード事件絡みでは、秘書を兼ねていたT運転手が自殺した。この双方とも、田中さんはまず悲嘆に暮れる奥さんを慰め、子どもたちの親代わりを約束している。双方の子どもたちは田中さんの援助を受け、学校も出て立派な社会人になっている」（関係者の話）

社会党委員長
川上丈太郎《かわかみじょうたろう》
昭和40年
師走――
川上さんが亡くなった！
田中は火葬場まで出向き、師走の雨の中、二時間も立ち尽くして野辺の送りまでやった。
田中角栄という男は、こういう男だった。
だから人がついてきた。

秘書を大切にした角栄

「角福戦争」勝利の陰には秘書軍団の奮闘があった

1972（昭和47）年7月の、角栄と福田赳夫が争った自民党総裁選を、角栄の手足となってたたかった田中派元秘書の証言。

「われわれは当時の砂防会館（東京・平河町）の田中派事務所で、夜中の12時、1時、場合によっては明け方まで田中先生の立候補挨拶状など文書の発送業務をやった。そんなさなか、ひょいと田中先生が入って来る。ほとんど毎晩です。われわれを見て開口一番、『いやあ、すまん。本当に苦労をかけてすまん』と誠心誠意、心からの感謝の気持ちを示される。微塵《みじん》も偉ぶったところを見せない。普通、田中先生くらいの大物議員が、われわれにあんなふうに礼を言うことはあり得ない。当時、『田中先生とは死ぬまで一緒だ』『先生の号令なら矢でも鉄砲玉にでもなれる』という秘書がいっぱいいました。むべなるかな、われわれは田中先生とのこうした紐帯《ちゅうたい》を〝田中民族主義〟と称していました」

政治というドライな世界での人間関係を「民族主義」にまで高めてしまうのだから、この求心力は強い。結局、このときの総裁選で角栄は見事に勝利し、初めて政権トップの座についたのであった。

総裁公選に勝てたのは運転手のおかげ？

昭和47年の総裁公選のときは、角栄本人はもとより田中派議員、そしてそれら田中派議員の総勢約400人の秘書で構成する「秘書会」が燃えに燃え、田中派議員の車の運転手さえも、一番早く正確な情報を届けることに一役買った。何派の議員の車がライバル福田赳夫の事務所に入っただの、どこどこの料理屋に何派と何派の幹部が集まっただの、激しい多数派工作の第一級情報が運転手によってもたらされた。

昭和53年の予備選で、田中派は盟友大平正芳を全面支援し、逆転勝利した。
ご苦労さん 君たちのおかげで 大平は勝てた
ありが とう
いえ そんな～
少ないが これで一杯 やってくれ
…田中先生が カシラだから やれたんだ
そうだ そうだ
オレたち 本当に 泥まみれになって 大平支持の 取り付けに 走り回った よな
そして 戦い終わって ホッと一息 ついている ところに 田中先生は じつに自然に 入り込んで くる
泣かせる よなぁ…

陽の当たらない立場の人への「ありがとう」の気持ち

秘書にチップの渡し方を教えた角栄

角栄の秘書は多数いたが、誰もがまず教えられたのが、車の運転手へのチップの渡し方である。

「チップ、心づけはあくまで自分のお礼の気持ち、好意を示すものだ。他人にわからないようにしてこそ、好意は生きる。お前たちが最後に車から降りる。ドアを運転手が閉める。その瞬間、運転手の手の下からチップを滑り込ませる。死角だ。誰も見ていない」と、掌に隠れるように小さく折った紙幣を手に、角栄はこれを実演で教えたのである。チップなどいうものはこれ見よがしに渡すものではなく、さりげなく渡してこそ生きるものだ、というわけだ。

角栄のこうした金の使い方のうまさは、豊かでなかった幼少時代の生活環境、長じて生き馬の目を抜くような土建業界の中で育まれていった人間の深層心理の透視眼の体得と無縁ではない。

角栄の場合は、これは巧まざる「ありがとう」の気持ちである。そしてそれは、多くの陽の当たらない立場の人への「ありがとう」だったことが特筆されよう。

角栄のような大物政治家はほとんどいなかった

角栄は料理屋で一杯やり、座敷を引き揚げるときも、必ず女将《おかみ》に心づけを渡した。また、芸者はもとより、仲居、板場、玄関番までにも気を配った。目をつけた芸者や仲居に握らせることなら誰でもやる。これではタダの人である。今の政界はタダの人ばかりだといわれるが、角栄の時代でもタダの人が多く、角栄と同じようなことをする大物政治家はほとんどいなかった。

田中の秘書
バタン
さっ
チップだ!
心づけはあくまでも好意を示すものだ…
できた…
他人にわからないようにしてこそ、好意はいきる。
お前たちが、
最後に車から降りる。
ドアを運転手が閉める。
その瞬間、
運転手の手の下から
チップを滑り込ませる。
死角で誰も見ていない…。

世話になった役人と、その奥さんに反物を贈る

気配りの達人だった角栄

郵政大臣になる前の角栄に、こんなエピソードが残っている。

昭和30年、角栄は旧新潟3区に「中永線」という舗装道路を完成させた。これで、3区の北西側に住む住民は、わざわざ山を迂回《うかい》して市街地の長岡に出る困難から解放された。さて、この「中永線」竣工式の予算は当時60万円だったが、角栄は式そのものを30万円に切り詰めさせ、残った30万円を何とも有効に使ってみせた。その30万円で男もの女もの、合わせて全部反物を買ってしまったのだ。世話になった当時の建設省の役人とその奥さんに贈るためである。

「田中先生は、すでに役人本人や奥さんの年齢、容姿などをすっかり調べ上げ、『あいつはこれだ。こっちのほうが似合う』などと、自分で色柄を選んでいる。反物などはせっかくもらっても、似合わなければ、ありがたみは半減する。なるほど、人に喜んでもらうということは、ここまでしなければいけないのかと思い知らされた」（旧新潟3区の古老）

ときに30代半ば。この若さで人心掌握の妙を、ここまで知り尽くしていたことは驚異的でさえある。

官僚使いの名手

田中角栄ほど官僚の話を聞くのがうまい政治家はいなかった。角栄が相手にしたのは、事務次官や局長クラスの官僚だけではなかった。若手の官僚とも気軽に会ったし、一度名前を覚えたら、きっちり頭の中にたたき込み、次に会ったとき「やあ、○○君」とやって相手を驚かせた。そうやって角栄は、彼らから巧みに話を聞き出し、政策策定に生かした。まさに官僚の使い方の名手であった。

郵政大臣就任記念の夕食会後のことだった――
どうもありがとうございました
お土産を持っていってくれ
あれ？二つ持ってますけど…
一つは君にだ
はあ…？
もう一つは奥さんに持って帰れ
！
田中は、若いころから気遣い、目配りの利いた男だった。

ユーモアと機知で出世をつかんだ角栄

吉田茂との仲を深めたユーモアの交わり

吉田茂門下に入った当初、田中は末席をけがしただけで満足するしかなかった。その後の1963（昭和38）年、池田内閣の大蔵大臣に就任してしばらくたったころ、吉田から「来い」と声がかかった。田中は「ようやく声がかかった」とばかり、胸をふくらませて吉田邸を訪ねた。

その日の雑談で、「書」に興味のある吉田の前で、角栄は「自分のところに良寛和尚の書があります」と口を切った。吉田は大いに興味を示し、「そりゃあ君、偽物だ」と言った。角栄はムキになり、「正真正銘の本物です」と言うと、吉田は「そうか。しかし、君が持っていても偽物に思われるが、ぼくが持っていると本物ということになる」と、得意のユーモアで切り返してきた。

大磯から戻った角栄は秘書の佐藤昭子に事の顛末を得意気に話したが、このユーモアのやりとりの中で、吉田と角栄の間にはお互い相許す雰囲気ができ、絆の度合いが一気に深まったということだった。角栄がのちに「ポスト佐藤」を手にできたのも、こうした一見たわいない吉田とのやりとりが無縁とは言えなかった。

ユーモアのセンスはピカイチだった

角栄はあるパーティで、こんなスピーチで会場を沸かせた。

「吉田さんは佐藤さんより池田さんを可愛がった。まあ、人間は自分より美男でない、頭のよくないのが可愛いんだ。佐藤さんと一緒の写真は自分が見劣りするから、ケムたいというわけであります」

冗談のように聞こえるこんな言葉も、人生の機微に通じていない者には出ない。人生の機微に通じたゆとりあるユーモアで、角栄のリーダーシップは一層、強固なものになった。

あるパーティでのこと…。
吉田さんは佐藤さんより池田さんを可愛がっていた
どうしてかなぁ？
さあ…
まぁ　人間は自分より美男でない頭のよくないのが可愛いんだ
……
佐藤さんと一緒の写真は自分が見劣りするからケムたいというわけであります
なるほど！
わははは は

保守ではなく、革新政治家だった？ 角栄

農民と手を握り、社会党支持者も取り込む、懐の深さ？

角栄という政治家は実は革新政治家であった、という見方がある。

角栄は若き日、農地改革を機にそれまで圧迫され続けた農民を中心とする民衆と手を握った。そのために、雪が降れば交通路も閉ざされる、どんな候補も足を運ばぬ辺境の地、陸の孤島に入り込み、民衆の一人ひとりに〝日本の夜明け〟を熱っぽく語った。

後年になっても、角栄の票には社会党を中心とする、いわゆる革新支持層の票が多く入っていたが、そのルーツは戦後間もなくからの日農（日本農民組合）＝社会党票にあった。農地改革を機に役目を終えた当時の日農、社会党支持者が自分たちの中に飛び込んでくる角栄を見て、生きるための知恵、現世利益を頼む形で、角栄支持に回ったのだ。

民衆にとっても、自分たちが角栄を下から押し上げるということで角栄支持には抵抗感がなく、やがて強大な選挙母体となっていった「越山会」は、こういう人たちを中核に地縁、血縁でひろがっていった。だから、角栄が苦境に立てば立つほど組織としての求心力を持ち、驚異的な力を発揮したのである。

“鉄の団結”を誇った越山会

旧新潟３区の田中後援会組織。当時、本部は田中のファミリー企業・長岡鉄道３Ｆの秘書課に置かれていた。旧新潟３区の自民党員は15000人ほどだが、越山会の会員は最盛期、10万人を数えた。角栄個人の信者集団的、同志的結合と称されるほどの団結を誇り、他の政治家の後援会とはまったく異質なものであった。むろん、鉄の団結力をもって選挙の際には絶大な力を発揮した。

ロッキード事件で逮捕のあとの総選挙でも、角栄は最高得票で当選した（©共同通信社）

相手の本心をズバリつかんだ

「拘置所では花束より食い物だ」これが角栄のホンネだった

ロッキード事件で逮捕、保釈された角栄と入れ替わりで小菅の東京拘置所に入ったのが橋本登美三郎という代議士だった。長い間、角栄と気脈を通じていた建設・運輸大臣などの経験者である。

その逮捕直後、落ち込んだ橋本夫人の気持ちを慰めようと気を利かせた角栄の夫人はなは、橋本宅へ見舞いの花束を届けさせた。橋本夫人からは早速、角栄邸にお礼の電話が入ったのだが、ちょうど受話器を取ったのが角栄自身であった。

「奥様から花束を頂戴いたしまして……」と礼を述べる橋本夫人に、角栄はこうまくしたてた。「花束だ？　何だそりゃ。花なんかちっとも役に立たん。小菅はね、食い物、まず食い物なんだ。小菅のことはわしが一番よく知っている。まあ、わしがあとのことはよろしくやるから心配せんよう」。それから間もなく、獄中にいる橋本のもとに栄養バランスの行き届いた角栄からの差し入れの食べ物が届けられた。

まさに「花より団子」であるが、実利に重きを置いて、人の心を掴んできた角栄らしいエピソードである。

即断即決の政治家

田中角栄は「わかったの角さん」といわれるほど頭の回転が速く、即断即決の男でもあった。それは、問題のポイントをつかむのがうまかったからであるが、彼は単に頭がいいだけではなかった。相手が何を求めているかを常に考える、人情の機微に通じた“泣かせる男”だった。だから、自然に人が集まり、田中派は膨らみ続けた。田中派が大きくなったのは金の力だけではないといわれている。

福田派のあるベテラン議員が入院したときのことだった…。

早く治ることを祈っている
それじゃあ…

よ!

…?

田中は、余計なことは言わずに帰っていった——。

バタン
折りから選挙風が吹いている時節、政治家の病人がベッドで考えていることは、選挙資金を用意できるかということだけだ。

田中さん…

仁義に厚かった角栄

友人、恩人をすんなり切るような男ではなかった

空前のベストセラーとなった『日本列島改造論』は、角栄の思想をよく理解していた麓邦明《ふもとくにあき》と早坂茂三という2人の秘書の手によって主に書き上げられた、といわれており、そのころの3人は一心同体であったといえるかもしれない。ところが、角栄が首相の座に就くと、2人の秘書は角栄に申し出た。「小佐野さんと佐藤さんを、この際切ってください」。

小佐野とは政商の小佐野賢治《おさのけんじ》、佐藤とは長年角栄に付き従ってきた金庫番の佐藤昭子であり、ともに田中政権のアキレス腱になる危険性があった。それを危惧して麓と早坂が「切ってください」と具申したのだが、これに対して角栄は何と言ったか。

「もう俺についてこない、ということだな。お前たちの言うことはよくわかる。しかしな、この俺が長年の友人であり、自分を助けてくれた人間を、今後の自分にとって都合が悪いというだけの理由で切ることができると思うか。自分に非情さがないのはわかっている。だが、それは俺の問題だ。自分で責任を持つ。責めは自分で負う」

これを聞いて早坂は了承し、麓は角栄の許《もと》を去っていった。

“角栄の金庫番”といわれた佐藤昭子

角栄と同じく新潟県柏崎市生まれ。新潟県立柏崎高等女学校、東京女子専門学校（現・東京家政大学）中退。角栄が衆院選に初出馬したときの選挙を手伝ったことで知り合い、その後、昭和27年から角栄の秘書。越山会の統括責任者などの要職を歴任。「越山会の金庫番」「越山会の女王」と呼ばれた。田中派への影響力も大きく、橋本龍太郎、小渕恵三などは若いころ、政界の母親代わりとして慕っていた。

せかせかと朝食をとる田中首相。
(朝日新聞 1972年7月17日付)
小佐野
佐藤
自分に非情さがないのはわかっている
だが それはおれの問題だ!

関係のあった女はのちのちまで面倒を見ろよ！ を自分も実行

女に対しても責任感が強かった角栄

角栄はメチャ女にモテた男である。彼女の数も多かったらしい。なぜ、モテたのか。こんな証言が残っている。

「芸者を呼んでも、遊ばせているのはいつも田中。佐藤栄作は座敷の真ん中にデンと構えるが、人懐っこさがないから芸者も近寄ってこない。三木武夫は座敷の隅で、集まっている人をジッとうかがっている感じで、芸者は近寄らなかった」（ベテラン政治記者）。「お座敷はとびきり明るい。他のお座敷にいても、『おヒゲさん』（花柳界での角栄の愛称）が来ているのはすぐわかる。長《なが》っ尻《ちり》じゃない。ワッワッと飲んで、ひとしきり騒ぐとパッと引き揚げてしまう。また、気遣いも抜群でした」（神楽坂の元芸者）。角栄は、付き合った女に対する責任感も人一倍強かったらしい。「関係のあった女のことは、のちのちまで面倒を見ていた。困っている女にはなおさらだったようだ。切れたからもう関係ないとは、とてもできない性格だったんです」（前出・ベテラン政治記者）

女性との関わり方、付き合い方を見ると、おおむねその男の器量がわかる。この面でも角栄は、器量の大きな男だった。

どんな女と付き合ってもいいが、ちゃんと面倒を見ろ

角栄は生前、秘書や若手議員に向かって「どんな女と付き合ってもいい。その代わりちゃんと面倒を見てやれ。責任を持ってやれ」と口酸っぱく言っていたという。立派なことを言う人間は世の中にゴマンといるが、自ら実践していたのだからやはり角栄はすごいし、なおのこと女にモテた？

が、その一方で、「議員活動で忙しくてそれどころじゃなかったハズ」（秘書の佐藤昭子）という証言もある。

昭和60年2月、田中が脳梗塞で倒れたときのこと――
これ食べて
早く良くなってね
大好物のアンパンよ食べてね
この薬病院のより効くわよ
この神社のお札効くからね
大福餅持ってきたわ
富有柿よ
わたしお百度参りしてるのよ

COFFEE BREAK

角栄の人生哲学

角栄の発言は、どんな場合に発せられた言葉でも、
ユニークで含蓄に富んでいる。それらのいくつかを拾ってみる。

- 人の一生は、運と努力だ。それしかない!
- どんなに人気が下がっても、波は谷と山がある。必ず、また山になる。
- 逆境のときにこそ、人間は友情が必要である。
- 挫折したときにこそ、人間の真価が問われる。
- 責任は必ず果たす。約束は守る。
- 今日の仕事は明日にのばさない。

角栄が政治を志す青年に言ったアドバイス

①世界を知り、日本を知ること。そのために旅行をたくさんしろ。
②選挙区の人間をとことん知り尽くせ。選挙区のどこの神社は階段が何段あるか、一木一草まで知ることだ。

角栄が若者に言った苦言

「一朝にして人間は偉くなれぬ。努力だ。上すべりでなく人間はすべて誠心誠意やらなきゃダメ。寝言言ったり、不満を言ってるヤツはね、人生死ぬまで不満を抱き続ける人間になる。社会が悪い、政治が悪い、田中が悪い、と言って何になるんだ」

第4章

右に出るものがないといわれた田中角栄の実力とは?

即断即決を貫いた角栄

スピーディーに成し遂げた日中国交回復

1972（昭和47）年7月7日、第一次田中内閣が発足したその日の初閣議後、角栄は「外交については、中華人民共和国との国交正常化を急ぐ」と言明。その夜のうちに外務大臣に就任した大平正芳、外務省の橋本恕中国課長を赤坂の料亭に招き、「ご苦労だが、ただちに交渉を進める作業に入ってもらいたい」と督励した。

その一方で、公明党とのパイプを生かして竹入義勝委員長と会談。その意を受けた竹入は7月27日、北京入りして周恩来首相と会談し、国交正常化への地ならしをした。自らは自民党内の反対派に根回しし、8月31日にはハワイ・ホノルルに飛んでニクソン大統領と日米首脳会談。日中国交正常化へ向けての正式な米側への了解も取り付けた。

そうしたうえで9月25日訪中し、周首相との4回の首脳会談を経て、29日に日中共同声明に署名。このあと、大平外相が記者会見し、「旧条約である日華平和条約は終了した」と宣言した。この間、内閣の発足からわずか3カ月足らず。田中角栄はまさに、事を成すにはスピードが大事であることを知っている、即断即決の人であった。

立ち上がりの速い角栄

角栄はよく「せっかち」といわれた。たしかにそういう一面はあった。だがそれは、責任ある地位についたときの立ち上がりの重要性というものを誰よりも知っていたからこそのことだった。それに対して、彼の弟子であり、後に首相になった橋本龍太郎はとても立ち上がりが速いとはいえなかった。スピードでは師匠の足元にも及ばなかった。これは、角栄以後の首相に共通していえることでもある。

通産大臣就任後

自民党都市政策
調査会長就任後

スピーディー！

長年の懸案だった日米繊維交渉に着手！
ちなみに、この日米繊維交渉はそれまでの通産大臣がなしえなかった懸案である。

日本列島改造計画の元となる「都市政策大綱」作り！

日本列島改造論

事を成すにはスピードが大事！
鉄は熱いうちに打て！

話はとことん聞くが、決めるときには自分が決める

万人が納得する意思決定法を心得ていた角栄

角栄を領袖とする田中派には、外交、内政あらゆる分野のエキスパートがキラ星のごとく結集。言うなら「何でも来い」の集団であった。それだけに、会議となれば議論百出、ヘタをすれば小田原評定《おだわらひょうじょう》にもなりかねない。また、リーダーがそれらの意思を封殺してしまってはシコリが残る。角栄はどう意思決定をしてみせたか。

まず、会議時間を1時間なら1時間と設定する。これ以上、長くも短くもしない。ピシャリとその時間を厳守する。その間は当然、議論の渦となる。その間、角栄はジッと聞いているだけで、自らの意見は挟まない。会議の終了時刻が迫ると、ここで初めて「こういう形でいく」と宣言、会議はそれで終わる。

角栄の宣言に不満のカゲ口もないではない。角栄はそれを見越して、異議申し立ての期間を1週間置く。異議があればもとより聞く耳は持つが、すでに十分に議論は尽くされており、さらなる卓見などは、そうやすやすと出るものではない。角栄はそうした決定方式を、組織のリーダーとして、「しごく当たり前のことだ」とした。

史上最大、最強の軍団・田中派

角栄は、意思の疎通が図れる仲間、同志を着々と増やしていき、最盛期、自民党議員の3分の1に相当する141人という衆参の議員を擁した。しかもその面々は、二階堂進、金丸信《かねまるしん》、橋本龍太郎、小沢一郎《おざわいちろう》、小渕恵三、梶山静六、後《ご》藤田正晴《とうだまさはる》、奥田敬和《おくだけいわ》、渡部恒三《わたなべこうぞう》、綿貫民輔《わたぬきたみすけ》といった一騎当千の強者ばかり。まさに自民党の派閥史上、最大最強の集団で、他派閥からは「田中軍団」と恐れられた。

田中派の会議
0時間
わい
（数分前）
1時間
よし！
では○○○○でいく！
決定！

どんな陳情にも応えた田中派
派閥に入る情報量の多さが強さの源泉

自派を総合病院に仕立てた角栄

角栄は、多士済々《たしせいせい》の自派を「総合病院」と呼んでいた。そして、内科、外科、小児科、耳鼻咽喉科、産婦人科などすべての医師が揃っている「田中病院」に来れば、できない手術、治療はないと豪語した。

政治家に陳情は付きものだ。橋を架けてほしい、異常干ばつの被害が広がったがどうしたらいいか……。しかし、当選回数の少ない議員の場合、建設省には弱い、農水省には無縁だということがある。

普通なら、ここから前へはなかなか進まない。ところが田中派では、地元から得手でない陳情を受けても、たとえば建設大臣、農水大臣を経験した他の田中派の議員に電話一本、「何とかお願いしたい」で事を片づけてしまう。まさに「互助会」であり、「総合病院」であった。

こうして田中派は、所属する誰もがオールラウンド・プレイヤーになり、地元民の支持を受けることで、さらに当選回数を重ねられるという恩恵を受ける。と同時に、こうした仲間を多く持つことで、トップの情報量もまた増える。角栄の実力が他の有力議員よりはるかに突出していた背景には、派閥に入ってくる、とてつもない情報量があった。

「どんなことでも相談しろ」

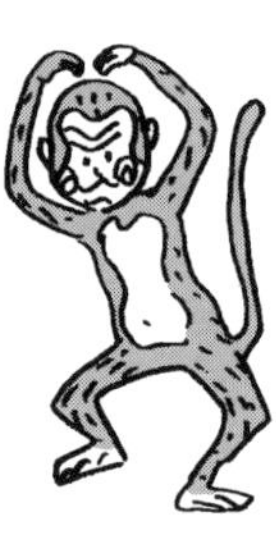

「もうダメだと思っても諦めるな。必ず相談しろ。そう簡単に選挙民の願いは叶えられない。公約はサルでもできるが、実現するのが大変なんだ。そこんところで多くの政治家が頓挫する。投げ出す。挫折するんだ。だから相談しろ。先輩がいる。俺がいる。ここは最大派閥なんだからな。元医者から弁護士、学者、警察、何でもある。誰でもいる。これを利用しない手はないだろう」（角栄の派閥での挨拶）

北海道がね
鉄道が赤字だから
全部やめさせろと
いうんです
やめたら
どうなる？
熊だけに
なる
くすくす
くす…
くす
くす…

笑いごとじゃありませんよ。
５４０万人の北海道から
１００万人が出てきているのが、
東京だ。

どさん子の行き先は、
みんな東京だ。

皆さん、１００万人も来るとね、
現在の制度の中で、北海道の鉄道の赤字の
何倍かの社会保障の支出に、
国民は応じなければならんのです…。

官僚使いの名手と呼ばれたワケは

官僚より秀でていた実務能力「政治家なら、役人よりも勉強しなくちゃ」

角栄は官僚をコンピュータと呼び、その能力と存在を高く評価していた。

官僚は現行法を前提に、その枠内で考え行動させれば抜群のコンピュータぶりを発揮するものの、時代の変化に対応する法運用、見通しなどとなるとなかなか融通《ゆうずう》が利かないし、その能力はさほどでもない。加えて、プライドは人一倍高く、何よりも最後の責任を負わされることは嫌う人種である。政治家にとってある意味で部下でもあるその官僚たちをコントロールするのは、並大抵なことではない。角栄はしかし、彼らをよく立てて、実にうまく使った。「角栄ほど官僚をうまく使った政治家はいない」という語り草が残っているほどである。

角栄が官僚使いの名手と呼ばれた理由はいくつもあろうが、一番大きな理由は何といっても彼自身の図抜けた能力である。はっきり言えば、生涯33本という驚異的な議員立法を1人で成立させた角栄に、法律知識その他で対抗できるだけの能力を持ち合わせている官僚はほとんどいなかった、ということだ。

行政改革は角栄のような政治家でなければ無理

政治家の仕事は法律をつくることである。しかし現実には、一本の法律さえつくることのできない議員がほとんどで、多くの場合、官僚頼みである。だから政治家は官僚に頭が上がらない。それどころかナメられっぱなしである。これではいくら行政改革を叫んだところで、できるわけがない。行政改革はやはり、今の時代でも田中角栄のような能力と実績のある政治家でなければ不可能といっていい。

官僚
官僚
官僚
官僚
官僚
官僚
官僚
官僚
彼ほど
われわれを
うまく使った
政治家は
いないね！

会う前に相手のことを徹底的に調べ上げた角栄

最大派閥誕生の原点がここにある

角栄は若い官僚などを相手に、その父親の話をよくやっていた。事前にすっかり調べ上げておき、「君の親父さんはこういう男だったよ」とくすぐる。また二世議員の「励ます会」などに出席した場合も同様、まず父親の話から切り出すというのが挨拶のパターンでもあった。

自民党の保利《ほり》耕輔《こうすけ》衆議院議員（故保利茂・元自民党幹事長の子息）はかつて、「田中先生は息子である自分以上に父のことをよく知っていてビックリした」と言っていたものである。保利はこうした角栄の「情」に参ったのか、父親との経緯からすれば福田派に入ってもおかしくなかったが、代議士としてのワラジは田中派に脱いだ。

あるいは、角栄は東京・目白の田中邸にやってくる新潟3区のジイサン、バアサンを座敷に上げては、「ところで、あのバカ息子は元気か」などと相手の気持ちをほぐしてみせたりした。

これを田中一流のテクニックと見る向きもある。しかし、単なるテクニックだったらすぐに化けの皮が剥がれる。大派閥なんか、とてもつくれなかったはずだ。

政治家の実力は、集まる人の数に比例する

角栄は多くの人と会った。多くの人と会えば情報が入ってくる。しかし、毎度毎度、第一級情報が入るわけでもない。角栄の場合は広く、誰とでも会ったが、そこにこそ情報アンテナの量に最大のメリットがあった。雑多な話の中でのちょっと耳にした話が、あとになって「なるほど」というケースは少なくない。また、次の一手を決める要素になることも多々あった。

ある日の田中邸――。
あ！ わしの 下駄！
達者で やれよ
……
オヤジさんが そこまでやる必要が ありますか？
いいか
ばあさんが 田舎に帰れば 角栄が オラを玄関まで送って 下駄を履かせてくれたと 頼まないのに しゃべって歩く
それが おれの 選挙運動になって しかも 金は 一銭もかからない
いいこと ずくめじゃ ないか！
田中が計算していたかどうか わからないが、反射的に頭と体 が動く人だった。

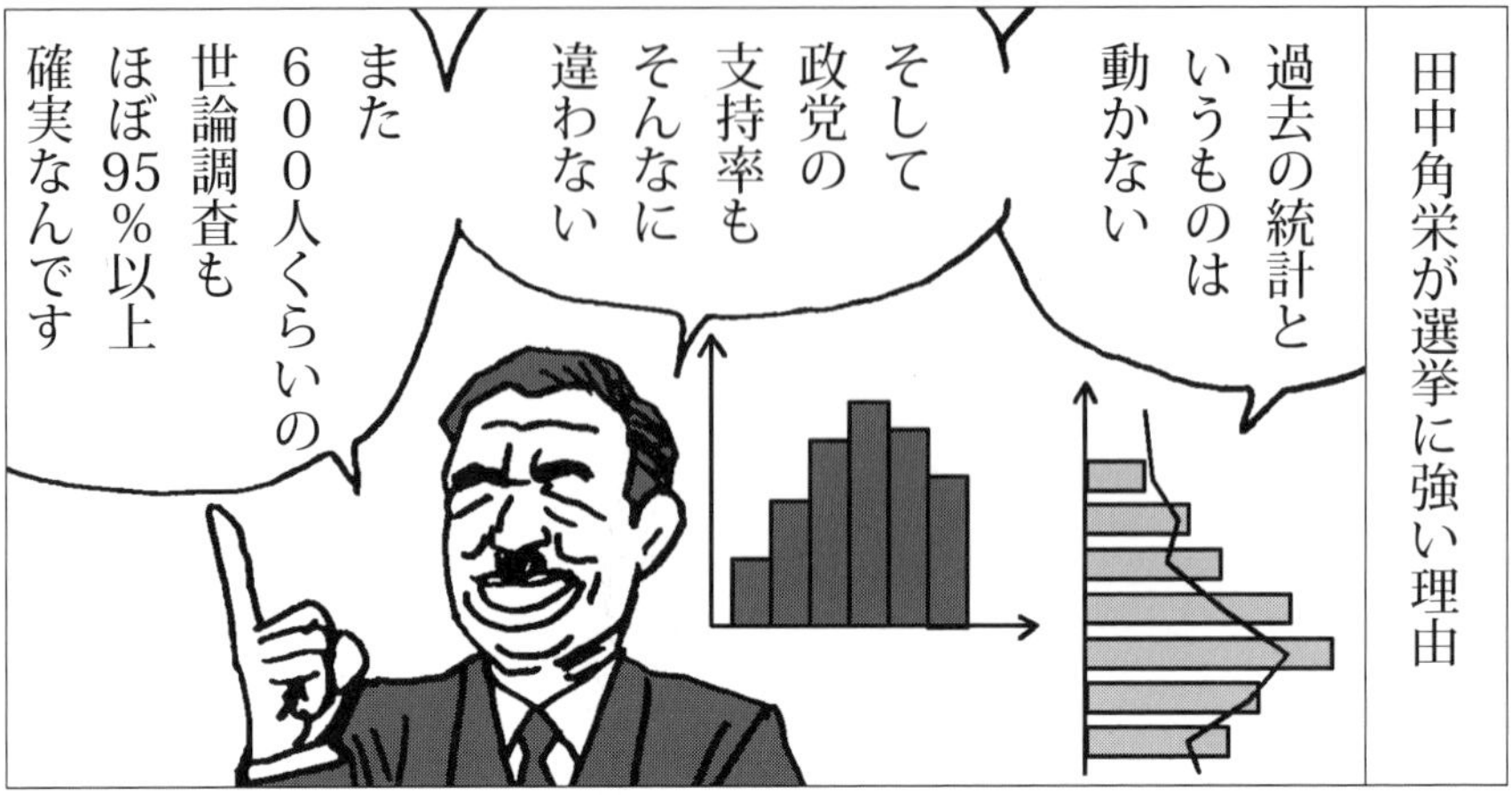
田中角栄が選挙に強い理由
過去の統計というものは動かない
そして政党の支持率もそんなに違わない
また６００人くらいの世論調査もほぼ95％以上確実なんです

数字に興味のない人やそういうものの正確さを信じない人に選挙はわかりません
衆議院の１３０選挙区（当時）の実態をすべて知っていなきゃダメです

統計を大事にした角栄

選挙でもビジネスでも統計をベースに分析し、考えろ

角栄は、初めて選挙に出る者には必ず選挙区における統計、歴史を知っておくことの重要性を教えた。あるいは、演説でも角栄のそれには、必ずといっていいほどそうした言葉が出てきた。

たとえば、１９７４（昭和49）年6月の総理大臣当時の参院選さなかの山形駅前、折りからの「米価の季節」（米価問題が争点だった）から、集まった農民にヤジられっぱなしの中での演説――。

これはやっぱり自分でそこへ行って少なくともその県が何市何郡だぐらいはわかってなくちゃ
加えて府県の歴史も知らなきゃダメですな
…あとは行ってみて覚えるんだね
たとえば　お寺の縁起とか神社がいつごろできたとか…
それと　教わった日本史というものがダブるようになると130選挙区はちゃんと頭に入ります！

「米価というのは春闘の資料、農機具の値段はいくら上がったか、こういういろいろな資料が整ったところで、法律に基づいて米審（米価審議会）に諮問、そして自民党と相談しなきゃならんのだ。このっ、歴史も知らんで騒ぎおって。適正な米価は決まらない、決まるわけがない。黙って聞けっ。コメの値段を上げて、物価を上げない話をするんだ。皆さん！」といった具合。

ちなみに、このときは怒号の嵐の中で、這々《ほうほう》の体《てい》で退散したものだった。

いずれにせよ角栄は、選挙でもビジネスでも統計、歴史を排除した戦略ほど危なっかしいことはないことを知っていたのである。

事前調査で選挙に勝った角栄

「カンピュータではダメだ。足で調べろ」が口ぐせ

選挙の際、角栄は事前調査を非常に大切にした。その角栄の事前調査の威力を見せつけたのが１９７１（昭和46）年６月の参院選だった。

このときの滋賀県地方区は、自民党の新人・河本嘉久蔵と社会党の新人・矢尾喜三郎の一騎討ちムードに終始し、そのまま終盤戦にもつれ込んだ。自民党県連会長は、のちに首相になった宇野宗佑《うのそうすけ》。衆院からのクラ替えで知名度のある矢尾がややリードの見方もあったが、自民党陣営は最後は勝てると踏んでいた。投票５日前、河本の応援のために滋賀県入りした宇野は角栄に、「最終的に河本20万票、矢尾は17万票です」と勝利の見通しを語った。

このとき角栄は、いささか語気を強めて言った。「何を言っているのか。差はわずか５０００票しかないっ。しかも、あと５日で逆転される可能性があるぞ」。そして、ポケットから１枚の便箋を取り出し、「これを見ろ。私のカンピュータじゃないぞ。すべて、足で調べさせた結果だ」と宇野に突きつけた。それには、「河本18万票、矢尾17万５０００票」とあった。選挙結果は、まったくその通りだった。

田中角栄の選挙必勝法

「選挙に僥倖などあるものか。選挙民に口で言ってみせるだけでは絶対にダメだ。必ず、自分で率先してやってみせろ。政治は結果である。そのためには、選挙区をくまなく歩くことだ。選挙民が何を一番望んでいるのか、何に一番困っているのか、ほかの誰よりも早くつかまにゃならん。とにかく歩け。歩いて話を聞け。個別訪問は３万軒、辻説法は５万回、雨の日も風の日もやれ」こう語る角栄だった。

滋賀県の選挙が危ない！
ここに一千万円あるこれで一千人調査をやってくれ！
昭和46年6月、参院選滋賀県地方区に自民党新人河本嘉久蔵と社会党新人矢尾喜三郎が立候補した。

…どうだね滋賀県は？
最終的には河本20万票矢尾17万票で河本当選でしょう
自民党県連会長
宇野宗佑

何を言っとるか！
差はわずか5000票だ！あと5日で逆転するかもしれんぞ！
え？
田中の読みはズバリだった！結果、河本が5000票差で当選した。

数の力を知り抜いていた角栄

「政治は数、数は力、力は金」それが支配の源《みなもと》なのだ

1979（昭和54）年秋から暮れにかけて、自民党ではその直前の総選挙敗北の責任論を軸とした「40日間抗争」が起こった。総選挙の指揮を執《と》ったのは大平正芳総裁。これを支えたのは角栄率いる田中派で、抗争相手は反主流派の三木、福田、中曽根の「三福中」3派だった。

「大平責任論」をタテに3派は一歩も退かず、辟易《へきえき》した大平はついに「もう総理、総裁をやめたい」と弱音を吐いた。しかし角栄は、ここで大平が引いたら自分の影響力が大きくそがれてしまうと知っている。

「オレがここまでキミを面倒を見てきたのに、今さら降りるとは何事だ。連中に党を割る気なんかありゃしない。調整にジイさんを出す。それで決裂したら勝負だ。数の決着だ」と大平を督励したのである。

角栄は、一方で「三福中」3派が党を割る肚も固めていないことを見抜き、また一方ではギリギリの段階が来れば自派の長老で人望のある西《にし》村英一《むらえいいち》（当時の副総裁）を調整に出して話し合いで臨むが、決裂しても、最後は「数」の勝負で勝てると踏んでいた。結果、角栄の読みどおり勝利を収め、角栄もまたその後の影響力を保持することに成功した。

「数は力」

田中角栄の残した言葉のひとつ、「政治は数、数は力、力はカネ」は、あまりにも有名だ。恐ろしいまでに政治の本質を突いた言葉ではある。これは今でも生きている？

が、数の力、カネの力で押しまくる田中軍団には、政界はもとより広く国民の間からも批判が沸騰したのも事実だった。ついには「田中政治＝金権政治」という大合唱の中、三木武夫への政権譲渡を余儀なくされたのであった。

「40日間抗争」のとき、田中は中央突破作戦として、多数派工作をフル回転させた。
中間派、無派閥議員への一本釣りである。

おれの目の黒い間はポストの面倒を見るよ
A

次の選挙はおれに任せてもらいたい
B
コクッ

そして、首班指名の前に敵方の反主流派に切り崩されないために…
A
B
C
D
E
F
そうした議員には、二人一組で行動させることで、相互監視を図ったのである。

抜群の交渉能力、弁舌能力を発揮した角栄

エリート官僚も舌を巻いた、頭の回転の速さ

通産大臣時の日米繊維交渉の席上、米国側は「米国全体の貿易収支が悪化しているのは、突出した対日貿易赤字のせいだ」と激しく批判した。これに対し角栄は、「貿易は複数の国を相手にするもの。黒字の相手もあれば赤字の相手もある。日本は米国に対しては黒字であっても、産油国に対しては赤字になっている。米国だってそうだろう。二国間で常にバランスを保たなければならないという考えには無理がある」と反論。相手はグウの音も出なかった。交渉するとき角栄は、いつも相手の論理に合わせ、相手の土俵に上がって理路整然と切り返した。

角栄はしかし、理屈だけで交渉が決着するとは考えていなかった。このときも、「負けはしなかったが、主張しているだけでは解決しない。繊維問題でこれ以上こじれたら日米関係を悪化させる。理不尽ではあるが、相手の要望も呑まなければならん。その代わり日本の業界を救済する」として、3000億円で業界の損失を補償、交渉を決着させた。米国側の主張を受け入れたことで業界からは猛烈な批判が巻き起こったが、交渉がさらに長引いたなら日米間に深刻な亀裂が入ったであろう。

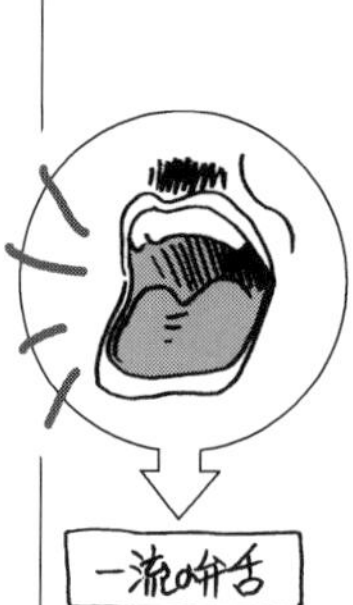

通産官僚たちの度肝を抜いた角栄の弁舌

角栄の弁論能力は米国側の政治家、官僚たちを黙らせたが、同時に日本の通産官僚たちの度肝を抜いた。同席していた元通産官僚の一人はこう振り返る。「いやあ、田中さんの弁舌の鮮やかさには驚かされました。理解力、頭の回転の速さ、弁論の切り口、どれをとっても当代一流だと思い知らされました。あのとき田中さんが通産大臣になっていなかったら交渉はこじれにこじれ、解決しなかったかもしれません」

日米繊維交渉がこじれそうになったときのこと…。
アメリカ側の要求を呑むしかあるまい
時の通産大臣
田中角栄
でなければ日米間に深刻な亀裂が生じかねん！
でも繊維業界が猛反発するのでは…
それじゃあアメリカ側の要求を呑む代わりに3千億円で業界を救済しようじゃないか
そ そんなこと大蔵省が承知しないでしょう
ところが…
なるほど業界が被る損失を丸ごと国が面倒を見るわけか…
思いつかなかった…
田中は、大蔵大臣ほか、省のトップと掛け合い、3千億円の拠出を認めさせてしまったのである。

気迫とスピード、それが政治家には必要なのだ

気迫で勝負した角栄

「いいですか、あなたがこれを拒否すれば、日米間は大変なことになると思ってもらいたい。その場合の責任は、あなたにある」

1971（昭和46）年10月、通産大臣として臨んだ日米繊維交渉の大詰め政府間交渉で、角栄は米側のケネディ大統領特使と渡り合った。

このとき、日本製繊維の対米輸出の伸びを押さえ込もうと粘りに粘るケネディ特使に対し、角栄は得意の数字を連発したあと、冒頭のせりふで念を押した。この脅し文句に音を上げたのか、ケネディ特使は這々の体で帰国。足掛け3年にわたって難航したこの交渉は、ついに決着を見るに至ったのである。

角栄は「気迫」で勝負する政治家だった。

それに引き替え、田中以後の政治家はどうも気力が足りない。知識はある。しかし、時代のスピードが速くなっているのに、小田原評定の持って回ったような大学の教授会めいたことをやっていては、とても政治の場で次々に結論を導き出していくことはできない。角栄自身、これは大変残念なことだと常に言っていた。

日米繊維交渉とは

1969（昭和44）年12月、ニクソン政権が日本に対し繊維製品の輸出自主規制を求めてきたことから始まった交渉。だが、双方の主張に隔たりがあり、大平、宮沢といった大物が3年かけて交渉に当たってもいっこうにまとまる気配がなかった。ところが、角栄が通産大臣に就任すると、わずか3カ月あまりで決着。政治家および国民は改めて彼の実力のほどを知ることとなった。

日米繊維交渉は、アメリカ側が日本の繊維の対米輸出規制をもっと強化せよというもので、三年来の懸案となっていた。

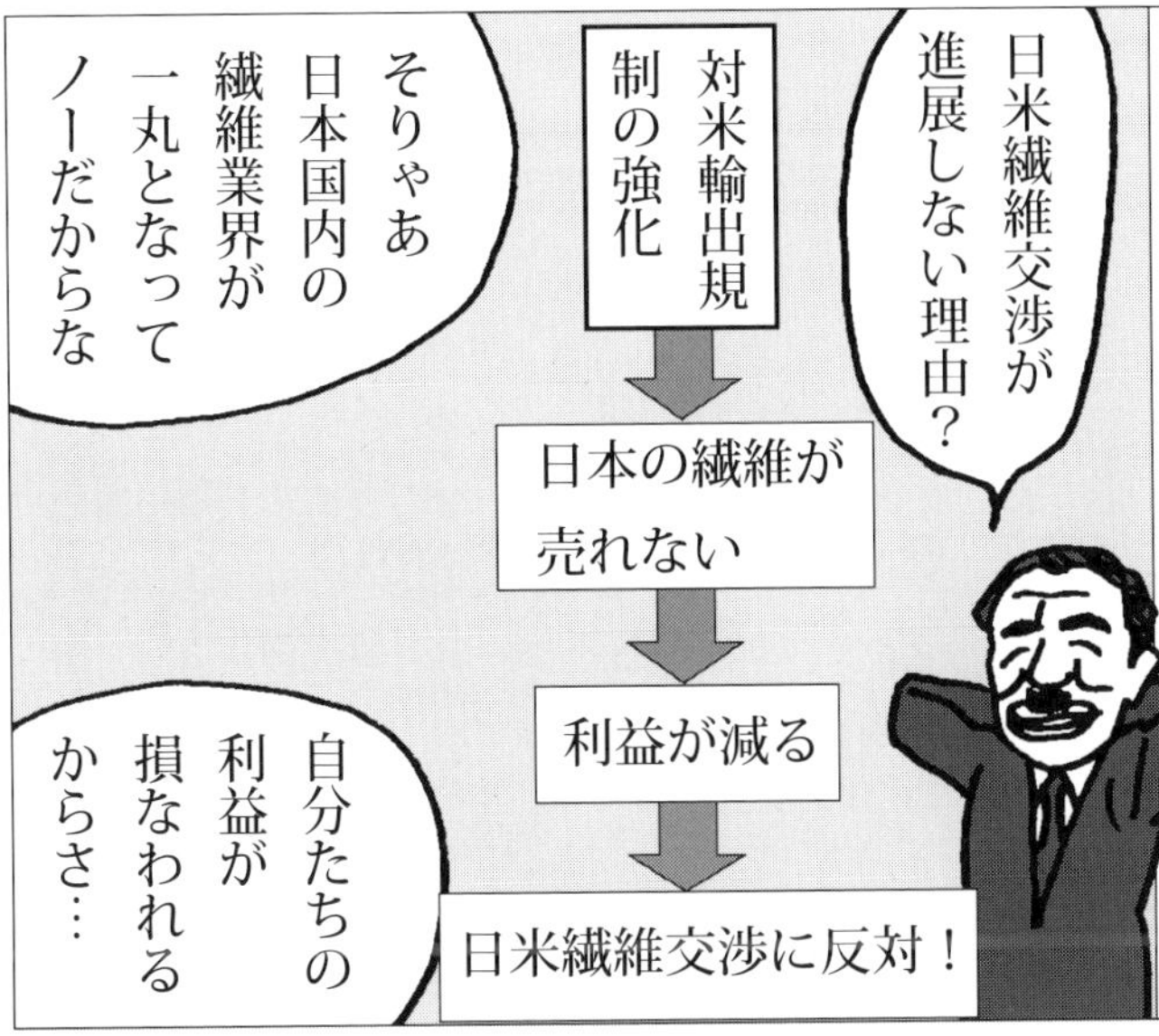

日米繊維交渉が進展しない理由？
対米輸出規制の強化
日本の繊維が売れない
利益が減る
日米繊維交渉に反対！
そりゃあ日本国内の繊維業界が一丸となってノーだからな
自分たちの利益が損なわれるからさ…

田中通産大臣は、一方で自ら国内繊維業界との話し合いを続け、総額で3千億円を「業界救済措置策」として引き出し、一気に決着に持っていったのである。

当時の3千億円という金額は、予算規模からすればベラボーな額だった。田中の決断の背景には、「日本人は生き延びるために、掛け捨てても考えねばならぬ」という考え方があった。

リスクを恐れて何もしない者は政治家にあらず

批判を覚悟で全力投球した角栄

角栄は叩かれながらも、陣笠議員のころから公営住宅法、道路三法など戦後日本再建のための法律整備に命をかけた。その後も過疎解消、格差是正を旨とした「日本列島改造計画」を打ち出した。大きな批判を浴びはしたが、角栄がこの改造計画を持ち出さなかったら、日本の経済の進展もテンポが落ちていた、という指摘が今でもあるのは事実だ。

政治はプラス・マイナスの差し引きで評価される。マイナス評価をされたくなかったら、何もしなければいいのだが、行動する政治家田中角栄にはそれは許されなかった。

角栄が自ら提案、成立させた議員立法が実に33本に及んだことは何度も触れた。議員立法は各省庁を押さえ込み、党内の異論を説得し、国会答弁に耐えられるだけの政治的能力がなければできない。戦後政治家で、角栄ほどこの議員立法にチャレンジした政治家は一人もいない。

「行為する者にとって、行為せざる者は最も過酷な批判者である」とのことわざもある。角栄は、「最も過酷な批判者」に目をつぶり、邁進《まいしん》できる力が必要だった。

仕事をすれば批判、反対の声があって当然

「上に立つ者が仕事をすれば批判、反対の声があって当然だ。何もやらなければ叱る声も出ない。私の人気が悪くなってきたら、ああ角栄は仕事をしているんだと、まあ、こう思っていただきたい」

これは角栄の遺訓の一つだが、いつも全力投球だった角栄にしてみれば、リスクを恐れて何もしようとしない人間がいることのほうが、不思議だったのかもしれない。

日本列島改造論
（マイナス要因）
その後の日本経済の潤滑油となる。
（プラス要因）
（プラス要因）－（マイナス要因）＝（プラス）→
プラス評価

てことはマイナス評価されたくなかったら何もしなきゃいいんですね？
それでは行動する政治家田中角栄にあらず！

昭和44年、小沢一郎 衆議院初当選。
いいか小沢 まず身内を 知ることに 神経を使え
身内のことも 知らないで 一人前の口を きいては いかん！
小沢一郎
はい！

つまり 自分のモノサシで モノを言うなと いうことだ
黙って 汗を流せ
いいところは 人に譲ってやれ

自分のモノサシで測るな、と教えた角栄

「黙って汗を流せ。いいところは人に譲ってやれ」

1969年（昭和44）年12月の総選挙で27歳にして初当選し、田中の所属する佐藤派入りした小沢一郎（現民主党代表）に、当時自民党幹事長だった角栄はピシリ、こう言った。

「まず、身内（田中派）を知ることに神経を使え。身内のことも知らないで、一人前の口をきいてはいけない。自分のモノサシばかりでモノを言う

損して
得取れだ
はい!!
そうすれば
お前は
人から
好かれる…

田中が、初めて小沢に与えた
重要ポストは、田中派の
事務局長だった。
このポストを経験すると、
政治の輪郭がわかり、
身近な人間の裏表が
見えるようになる。
小沢の将来を見据えて与えた、
親心のポストであった。

なということだ。こういうのは使いものにならない。黙って汗を流せ。いいところは人に譲ってやれ。損して得とれだ。そうすれば人に好かれる」

角栄が、佐藤派が田中派に衣替えしたあと、その小沢に初めてつけた重要ポストは田中派の事務局長、つまり閥務の下働きだった。

このポストを踏むと政治というものの輪郭がボンヤリ見えてくる。派内の誰と誰がどういう関係にあり、仲がよいのか悪いのか。

そういう、人間を見る目を鍛えるために、角栄は小沢を重要ポストにつけたのだった。

身銭を切れば、誰だってすべてに真剣になれる

人に借りをつくることを嫌った角栄

田中角栄ほどタダ酒を飲む、つまりご馳走になることを嫌った人物はいなかった。人との対応では、若いころからひたすら身銭を切り続けた。なぜなのか。その理由について、長く角栄のそばにいた早坂茂三元秘書は次のように語っていたことがある。

「二つある。一つは、あらゆるところで人に借りをつくることを嫌った。二つは、身銭を切ると自分が額に汗したカネだから、人との話も真剣勝負になる、他人の金やおごってもらった場合は、そのあたりに緩みが出る。〝遊び〟ができるということだ。何事にも全力投球のオヤジは〝遊び〟で終始するのは我慢できなかった。得るものがない時間を嫌った」

だからだろう、大蔵、通産両大臣のときでも「大臣交際費」にはビタ一文、手をつけることがなかった。こんな大臣は稀で、自分の次の選挙の準備運動のために使い果たす大臣も少なくなかった。しかし、角栄は「君たちが必要なときに使え」である。官僚たちにとっては飲み食いはタダ、そのうえ上の者は部下にいい顔ができる。まさに「角栄様々」だった。こんなところにも官僚が角栄にひれ伏した理由の一つがある。

「政治は自前の金でやれ」が田中派の強いところ

田中軍団が他の派閥と違うところの一つに、政治資金のことがある。多くの派閥は財界からの政治献金に頼る比率が高かった。もちろん田中派も財界から政治献金を受けていたが、自分で資金をつくりだす力をもっていたことだ。それは、自分たちの政策を実行するときにも他に配慮することなく思い切ったことができる。この資金調達力を幹部の多くが持っていたからこそ田中派は政治集団として力を発揮できたといわれる。

大臣交際費から出しますので
いいからこれはわしが払っておく
大臣交際費は君たちが必要なときに使いたまえ
めずらしいなぁ自分の選挙のために使いたがる大臣も少なくないのに…
官僚たちにとって、田中は有り難い存在だった。
飲み食いはタダ。しかも、部下にいい顔ができる。こんなところも、官僚が田中にひれ伏した原因があるのかもしれない。

COFFEE BREAK

“戦後政治最大のカリスマ”といわれる角栄語録から

●決断し、実行し、結果については自分が責任を取る。

●仕事をすれば、批判、反対があって当然。
何もやらなければ、叱る声も出ない。

●内閣はできたときに最も力がある。
熟慮断行もヘチマもあるものか。

●政治家は、公6分、せめて私情は4分に抑えよ。

●何より、自分の言葉でしゃべれ。

●私が大切にしているのは、人との接し方だ。
戦術や戦略じゃない。

●世の中は、白と黒ばかりではない。グレーゾーン（中間地帯）が一番広い。真理は中間にありだ。ここを大事にしろ。

●ライオンは、ウサギ一匹捕まえるのにも全力で挑む。
これだな、人生の姿勢は。

●僕は運だけでここまで来た。努力と根気と勉強、
こういったものが運をとらえるきっかけになる。

第5章 ロッキード事件と田中角栄

ロッキード事件発覚

5億円のワイロがロ社から日本政府高官に流れた？

1976（昭和51）年2月6日、突然、アメリカから意外な事件の第一報が伝えられた。「ロッキード社が日本の自衛隊にＰ３Ｃ対潜哨戒機を、そして全日空にトライスター機を売り込むために、30億円にものぼる巨額の工作資金を右翼の児玉誉士夫《こだまよしお》や丸紅を通じて日本の政府高官に流した」というアメリカ上院外交委員会、チャーチ小委員会の公聴記録が、アメリカ時間の2月4日に公開されたというのであった。

この証言をしたのはロッキード社の会計監査に当たった会計士Ｗ・フィンドレーであったが、翌5日には、ロッキード社の前副社長、アーチボルド・カール・コーチャンが、「児玉に渡ったのは21億円。そのうちのいくらかが国際興業社主の小佐野賢治に渡ったはず。ロッキード社の日本の代理店である丸紅の伊藤宏《いとうひろし》専務に渡したのは5億円、そのうちから日本の政府高官複数にリベートが支払われた。支払いの必要性を示唆したのは丸紅会長の檜山廣《ひやまひろ》か専務の大久保利春《おおくぼとしはる》だった」と、実名を挙げて証言。日本の政界を激震させた。

かくして、史上名高いロッキード事件は幕を開けたのであった。

ロッキード事件とは

首相在任中の田中角栄が、アメリカの航空機製造会社ロッキード社の日本代理店である丸紅から依頼され、全日空に次期新型旅客機としてトライスターを選定させ、その謝礼として５億円を受け取ったとされる、いわゆる受託収賄事件。金脈問題で厳しく指弾された前総理が、現職中に収賄に手を染めたということで、日本中が蜂の巣をつついたような大騒ぎとなった。

会計士フィンドレーの証言
ロッキード L1011
ロッキード社が
開発した
ジェット旅客機
トライスターを
売り込むために
巨額の工作資金を
日本、ドイツ、フランス
オランダ、イタリア
スウェーデン、トルコ
などに流しました

日本に関しては
国際興業社の小佐野賢治
右翼の大物児玉誉士夫…
小佐野
児玉
さらに
総合商社丸紅を仲介して
政府高官たちに
総額一千万ドルの
(当時のレートで30億円)
工作資金を流しました

そのうち
708万5千ドルが
児玉に
秘密コンサルタント料
として
渡ったはずです

真相究明の開始

事件関係者、国会で全面否認「記憶にない」が流行語に

当時、開会中の第77通常国会は民社党の春日《かすが》一幸《いっこう》委員長が取り上げた「共産党委員長スパイ査問事件」の審議中であった。ところが、コーチャン証言が飛び込んできたことから状況はにわかに一変。国会はロッキード事件一色に染められた。

コーチャン証言が飛び出した翌日の2月7日、三木首相は井出《いで》官房長官を私邸に呼び、「日本の政治の名誉のためにも問題の真相を究明しなければならない」と指示、その日のうちに自民党内に「ロッキード問題特別調査委員会」を設置した。

3月16日、衆議院予算委員会は国際興業社主・小佐野賢治、全日空社長・若狭《わかさ》得治《とくじ》、同副社長・渡辺《わたなべ》尚次《しょうじ》を証人として喚問したが、3人とも「記憶にございません」と全面否定した。開けて17日には、証人として丸紅会長の檜山広、大久保利春、伊藤宏両専務、松尾泰一郎社長の4人を喚問した。だが、4人の証人も全面的にロッキード社前副社長・コーチャンの証言を否定した。右翼の大物とされる児玉誉士夫も同時に召喚されたが、児玉は病院に入院し、出頭しなかった。

質問者を苛立たせた国会答弁

予算委員会に証人として出頭した国際興業社主・小佐野賢治は、ロッキード社のコーチャン前副社長との面識、田中角栄への政治献金などについて問われるたびに「記憶にございません」を連発。質問した議員を苛立たせた。しかし偽証罪で告発される心配がないうえ、証言を拒否しているわけでもないこの「記憶にございません」はその後、他の証人によっても多用された。

証人喚問を欠席することになった児玉誉士夫について、診察した東京女子医大の喜田村教授は次のように発表した。

児玉は重病の脳梗塞で病状から判断して国会での証言は無理であると思われます…

しかし　児玉は召喚の直前までゴルフをしていたという証言もあるぞ
ほんとか？

いやぁゴルフができる状態ではありませんよ…

あんたかいゴルフ場まで児玉を送迎したという運転手は？

でどうなの？

この運転手は、マスコミの取材の後、自殺した！

マスコミは評価、自民は批判「国民の総意だ」に政局混乱

はしゃぐ三木首相

次々と証人を喚問したものの、いずれも「記憶にございません」の一点張りだった。そこで野党はさらなる証人喚問を求め、予算審議を優先すべきだとする与党と対立、国会は空転した。このとき首相の三木は、「ほどほどにと言う人もあるが、徹底して真相を究明する。その結果、三木内閣がどうなろうと構わないじゃないか」と語り、「高官名を含む一切の資料の提供をアメリカに求める」よう宮沢喜一外相に指示した。

この指示に基づいて、アメリカ政府上院に対して資料提供を求める決議案が衆院本会議で採択されたのは2月23日のことである。三木はこの際、「この決議は国民の総意であり、私自身も直接、ただちに書簡でフォード大統領に要請いたします」と述べ、その日のうちに親書をフォード大統領へ送付。早くも翌24日には日米間で「司法共助協定」が調印され、これにより日本の検察に資料が提供されることとなった。

こうした三木の積極的な姿勢をマスコミは高く評価した。だが、自民党内では、「三木ははしゃぎすぎだ」という反三木感情がくすぶり始めた。

事件解明に異常な執念を見せた三木首相

捜査資料を提供するよう、フォード大統領に書簡を送るという件については、椎名副総裁など党首脳はまったく知らされておらず、三木の独断であった。そのため、「三木は自分一人、いい子になろうとしている」との声が、反主流派から起こった。事件が海のものとも山のものともわからない発覚当初から、三木は異常なほどのやる気を見せていたと伝えられている。

当時、三木の首相秘書官だった政治評論家の中村慶一郎氏は、著書の中でこう述べている…。

……

「真相究明は、事件の最初の段階から首相の強い政治信念に基づくもので、事実、最後までその信念は変わらなかった…。

この決議は国民の総意であり…

わたし自身も　直接ただちに書簡でフォード大統領に要請いたします！

しかし、首相にとって真相究明を貫くことは、一種の党内抗争手段にもなると考えていたのではないか。

首相の深層心理の底に、そのような冷徹さが潜んではいなかったかと、私は推測する」

Tanaka

や
やはり…
丸紅から
5億円を
受け取ったのは
田中角栄
だったのか…！

米資料に角栄の名が
「Tanaka」の記載が発覚 マスコミの一斉攻撃始まる

4月10日、ロッキード事件の日本関連資料がアメリカから日本に運ばれてきた。ＳＥＣ（米連邦証券取引委員会）がとりまとめたこの調査資料には、ロッキード社の対日不正工作の全貌が全文２８６０ページにわたって詳細に記されていたが、そこには、丸紅から５億円のリベートを受け取ったとされる政府高官名として、田中角栄を意味する「Tanaka」が挙げられていた。

これを機に、マスコミは田中を一斉攻撃し始めた。
わしゃ知らん！
田中さん本当のことをおっしゃってくださいよ！
田中さん！

発覚当初から疑惑の中心人物と目されてきた角栄は、これを機にマスコミから一斉攻撃を受けることになる。

一方、ロッキード事件の核心とみられてきた対潜哨戒機Ｐ３Ｃ売り込みに関わる対日不正工作に関しては、政府高官名を示す資料はほとんどなかった。

このため東京地検特捜部は、トライスター機売り込みに関わる疑惑解明を最大課題とし、これに向けて全力を投入することとなった。

かくして、金額からいっても、あるいはまた事件の性格から見てもはるかに重要であるはずの、いわゆる児玉ルートに関する疑惑解明はまったくといっていいほど、手つかずに終わる結果となった。

第1次三木おろし

深まる自民党内の対立「ロッキード隠しだ」との強い批判も

三木は有頂天になっている。国や党のことより自分のことだけ考え、ロッキード事件を政権維持の道具に使おうとしている……。事件発覚当初から自民党内に渦巻いていた反三木感情は、疑惑の中心人物として田中角栄の名が公表されたことで一挙に高まり、「三木おろし工作」という具体的な行動となって現れてきた。その中心人物は、三木政権の生みの親、椎名悦三郎副総裁であった。

椎名の動きは迅速だった。まず5月9日に大平正芳蔵相と会談して「国会終了後に三木首相を退陣させる」ということで合意を得ると、翌10日には福田赳夫副総理と会談。同様の合意に達した。これで、党内の意思はあらかた固まった。

これに対して三木は、「自分に課せられている使命や責任を中途半端に放棄するようなことは絶対にしない」と述べ、引き続き政権を担当していく意思を表明。自民党内の亀裂はより深まった。

この流れの中で党内では若手が脱党し、河野洋平（現衆議院議長）を中心に「新自由クラブ」が結成されるということもあった。

“クリーン三木”の人気高く、世論は支持した

絶頂期の角栄は、「コンピュータ付きブルドーザー」といわれ、剛腕のイメージで高い人気を誇っていたが、このころはダーティーなイメージしかなかった。それに対して三木はクリーンで清潔な政治家のイメージで人気が高く、第１次三木おろしのときも、マスコミも世論もこぞって「クリーン三木」を支持。「三木おろし」を画策したものの、反三木陣営は苦境に立たされた。

三木おろしはロッキード隠しだろー
ロッキード事件をうやむやにするなー
こうした容赦のない批判を浴び、一度は賛意を示していた田中派も大平派も引いてしまったことで、椎名は孤立した。
……
結局…
すまんことをした…
灘尾弘吉
ということで！
ペコー
わかればよろしい！

田中角栄逮捕

小躍りするマスコミ 国民は拍手を送った

6月から、ロッキード事件に関わった丸紅や全日空などのトップが次々と逮捕され始める。

7月に入ると、稲葉修法相は「横綱級は2カ月以内に」などと発言、角栄逮捕の近いことを匂わせた。これを受けて新聞、雑誌が「角栄逮捕はいつか」などと盛んに書き立てたが、角栄が事情聴取を受けたという情報はなく、逮捕されることがあるとしてもそれはまだ先のこと、というのが一般的な見方であった。

そんな矢先の7月27日、東京地検が外為法違反容疑で田中角栄前首相と秘書官の榎本敏夫《えのもととしお》を逮捕したことを伝えるニュースが日本国内はもとより世界に向けて打電された。この逮捕に、「田中＝クロ」と決めつけてきたマスコミは小躍りし、また国民の多くも拍手を送った。それに対して、「外為法違反容疑で逮捕したというのは別件逮捕であり、しかも外為法という形式的な行政犯で逮捕というのは大きな問題である」と指摘する法律専門家も少なくなかった。だが、こうした声はほとんどかき消され、日本中が鬼の首でも取ったかのように沸き立つばかりであった。

角栄逮捕当夜に酒宴を開いた自民幹部も？

角栄が逮捕された当日の夜、中曽根派の中曽根幹事長、稲葉修法務大臣、三木派の河本《こうもと》通産大臣、井出官房長官らが料亭で酒宴を開いた。これを聞きつけた田中派の議員は、「こういうときに酒宴を開くとは何ごとか」「通夜の晩に酒盛りをする不心得者がわが党にもいたのか」と騒ぎ立てた。当時の派閥抗争がいかに激しかったかをうかがわせるエピソードである。

これまで逮捕した連中は相撲にたとえれば十両か前頭13、14枚目ぐらいかな
これからだんだん好取組が見られますよ
捜査は奥の奥まで神棚の中までやるよ
法務大臣稲葉修
まぁ期待していてください！
一般国民にはウケた。
いいぞ稲葉！
頼むぞ！
しかし、自民党内では猛烈な反感を買った。
相撲にたとえるか…

起訴、そして保釈
角栄、終始一貫して全面否認 保釈金は、異例の2億円だった！

角栄は、迎えに来た東京地検特捜部の検事にうながされて車に乗り込むと、隣に座る検事に「総理大臣経験者で逮捕されたのは何人目か」と尋ねたという。検事が「在職中の罪では初めてです」と答えると、角栄は、「この日のことは忘れないでくれ」と述べ、「歴史に残るようなことですから、忘れることはありません」という検事の返事に軽くうなずいた。

東京拘置所での取り調べは午前9時ないし10時から始まり、夜は午後9時ごろまで続けられた。田中はその間、一貫して事実を全面否認した。

しかし、逮捕から20日たった8月16日、東京地検はついに角栄を外為法違反と受託収賄罪で起訴した。この時点から角栄は、前総理大臣の立場から一転して刑事被告人の立場に追いやられ、長い法廷闘争を強いられることになった。

なお、起訴の翌日、角栄は保釈されたが、このときの保釈金は2億円で、贈収賄事件としては異例の高額であった。

「アメリカの差し金で三木にやられた」

角栄には正妻のほかに愛人がいた。神楽坂《かぐらざか》の芸者である。この愛人との間に2男1女をもうけていたことは、政界では知らぬ者がないほどの公然の秘密だった。

保釈後、愛する神楽坂の芸者のところに足を運んだ角栄は、家に上がるやいなや、一点を見据えて「アメリカの差し金で三木にやられた」と二度、悔しそうに呟いたという。意味深な証言ではあった、と後々まで語られた。

豊島検事正
前総理大臣
誠に忍びないが
これは
逮捕状です
ただちに
執行したい
やむを
えない！
ところで
武士の情け
その前に用箋とペンを
貸していただきたい！
離党届
衆議院議員 田中角栄

角栄は、晩節をけがした

田中 前首相を逮捕

ロッキード疑獄、

桧山らから五億円

外為法違反 現金を四回受領

五ヵ所を捜索

政界パニック状況

野党にも波紋呼ぶか

朝日新聞 1976年7月27日夕刊

腐臭放つ金権体質

墓穴掘った「金こそ力」

児玉、小佐野氏とトリオ 急がれる"影の部分"解明

約束果たさず

毎日新聞
1976年7月27日夕刊

「金権政治」に司法の断

選挙に巨額の裏金

借金水ぶくれ田中時代

閣僚声なし

田中前首相

疑惑背負いつつ栄達

命脈尽きた"ツナ渡り

利権に巣食う政治家

汚職のタネ、どこにでも

朝日新聞
1976年7月27日夕刊

〈グラフ構成〉

“天下を取った”男・

ロッキード疑獄は、文字通り角栄の政治生命を失墜させ、あれほど大歓迎されて就任した総理の座も指弾された。マスコミは非情なもので、ここぞとばかりに角栄をたたいた。

「金権政治」の権化のごとく見られていた角栄は、まさに社会から血祭りにあげられたといってもいい。そして、起訴、裁判、有罪判決。波乱に富んだ人生を送った角栄であった。

ついに角栄逮捕。東京地検から東京拘置所に向う田中前総理（1976年7月27日）

毎日新聞

号外

田中前首相を逮捕

疑獄捜査、一気に頂点へ

丸紅の五億円受取る

外為法違反容疑 「ピーナツ」「ピーシズ」分

ロッキード事件特報

毎日新聞　1976年7月27日号外

第2次三木おろし、そして三木退陣

角栄の政敵、福田赳夫が首相になって、対立激化

角栄が逮捕されたことで、「もやはロッキード隠しと批判される筋合いはない」として、自民党内に「三木おろし」の気運が再び盛りあがってきた。角栄逮捕から1週間ほどたった8月4日、早くも田中派から三木退陣を公然と要求する声が上がり、同月19日には福田派、大平派、田中派、椎名派など中間派派閥が結集、「人心を一新して挙党体制を確立する」名目で「挙党体制確立協議会」を立ち上げ、数の力をバックに三木に退陣を迫った。

これに対して三木は、解散をちらつかせながら応戦。一歩も引こうとしなかった。だが、結局のところは解散権を行使できないまま、戦後唯一の任期満了による衆議院議員選挙を迎える。

そして、この年の暮れに行われた第34回衆議院議員選挙。世論の集中砲火を浴びた自民党は苦戦を強いられ、終わってみれば249議席と前回より22議席も減らし、結党以来初めて過半数を割った。さすがの三木も敗北を認めざる得ず、責任を取る形で首相を辞任。後継総理には「三木おろし」工作を推進した福田赳夫が就くことになった。

それでもトップ当選した角栄

このときの選挙でロッキード疑惑組は健闘した。逮捕された田中角栄、橋本登美三郎、佐藤孝行《さとうたかゆき》の3人のうち、落選したのは佐藤だけであった。

角栄は16万8000票余を獲得してトップ当選、橋本も7万3000票余で3位当選を果たした。「灰色」とされていた二階堂進と加藤六月《かとうむつき》はともにトップ当選。福永一臣《ふくながかずおみ》だけが最下位当選であった。

田中逮捕は反主流派にとってショックだろうな
これで党内の三木おろしも下火になるにちがいない…
だが、田中逮捕から数日もすると、福田派幹部が「忠臣蔵が始まるぞ」と予言したように、反主流派の反攻が始まった。

前首相の逮捕まで許すとは三木はやりすぎだ！
三木は田中逮捕の事実を事前に知っていながらこれを少しでも抑えようとしなかった
あまりにも惻隠《そくいん》の情がなさすぎる
えっ!!
田中派の「三木憎し」の感情は、日増しに高まっていった。

ロッキード裁判

一審有罪も、最後は田中の死により審理打ち切り

1977（昭和52）年1月27日、田中前首相に対する第一回公判が東京地方裁判所で開かれた。このとき、田中は人定質問のあと、「外為法違反のこの事件について、私は何の関わりもありません。いかなる名目にせよ、ロッキード社から現金5億円を受領したことはありません。このような犯罪の容疑を受けたことはまったく心外でなりません」と述べ、容疑を全面否認した。これ以降、公判は毎週1回開かれ、回数にして191回の公判を重ねていくことになる。

その後、懲役4年、追徴金5億円の有罪判決が下ったのは1983（昭和58）年10月12日のことである（5日後に保釈金2億円で再度保釈）。この第一審判決を受けて国会が紛糾し、衆議院が解散。いわゆる「ロッキード選挙」に突入した。

田中前首相は一審判決に対し、「判決は極めて遺憾。生あるかぎり国会議員として職務を遂行する」と発言し、控訴した。が、1987（昭和62）年7月29日に控訴棄却。上告審の最中の1993（平成5）年12月16日の田中の死により公訴棄却、すなわち審理打ち切りとなった。

一審判決後の「田中所感」

「本日の東京地裁判決は極めて遺憾である。（中略）私は生あるかぎり、国民の支持と理解のあるかぎり、国会議員としての職務遂行に、この後も微力を尽くしたい。

私は根拠のない話や無責任な論評によって真実の主張を阻もうとする風潮を憂いる。わが国の民主主義を護り、再び政治の暗黒を招かないためにも、一歩も引くことなく前進を続ける」。角栄は有罪判決にも強気だった。

〝闇将軍〟だけは大笑

新潟三区

危機感で越山会結束

野坂「つじ説法」届かず

「金権・出直し」に明暗

朝日新聞
1983年12月19日

自民大幅減、伯仲再現へ

中曽根政治に厳しい審判

公明躍進、社民共善戦

「田中」批判くっきり

党派別当選者

総選挙 即日の焦点区

田中元首相22万票

首相トップならず 戦後初

瀬戸山文相・大野労相

根本・渡海・始関元建設相も

棄権も「倫理」批判

自民得票減に結びつく

政局運営激動含み

組閣・人事、非主流攻勢か

投票率は戦後最低

朝日新聞
1983年12月19日

逮捕されても起訴されても、角栄は選挙で圧倒的な支持を集めた。

ロッキード事件の謎1

ロ社の極秘資料が誤配され、偶発的に事件が発覚した!?

ロッキード事件に関しては、いくつもの不可解な点がある。そのため、この事件はソ連やアラブ諸国、あるいはオーストラリアからエネルギー資源を直接調達しようとしていた角栄を追い落とすために、石油メジャーとアメリカ政府が仕組んだ陰謀であるという説、また、中華人民共和国と急接近するなど、自主外交を目指していた角栄の失脚を狙ったアメリカ政府の陰謀であるとする説など、さまざまな陰謀説が当時から飛び交い、今もなお根強く語られている。

第1の不可解な点として挙げられているのは、ロッキード社の海外不正支払いを徹底追及しようとしていたチャーチ委員会に、ロ社の極秘資料が誤って配送され、偶発的に事件が発覚したとされている点。つまり、自分たちを目の仇にしている相手方に極秘資料を誤配した、ということだが、そんなことがあり得るのだろうか、という疑問である。

第2の謎としては、贈賄側証人として嘱託尋問で証言したロッキード社のコーチャン元副社長とクラッター元東京駐在事務所代表が、無罪どころか起訴すらされていないことが挙げられている。

数々の陰謀説が今でも語り継がれている

ロッキード事件には数々の陰謀説が語られている。石油メジャーによる陰謀説、日中緊密化を阻止する狙いでアメリカ政府が企んだとする説のほか、アメリカＦＢＩによる陰謀説、日中緊密化を恐れるソ連国家保安委員会（ＫＧＢ）による陰謀説、世界経済制覇を目論むユダヤ資本による陰謀説、防衛庁（当時）絡みの汚職を隠すための陰謀説等々、さまざまな陰謀説が今日でもなお、まことしやかに語られている。

謎1

ロッキード社の不正の証拠どこかにないかなぁ？
そのロッキード社の極秘文書ですが信じられないことに誤って配達されてきました！
わーお偶然！

謎2

ぼくたち無罪どころか…
起訴すらされていないもんね〜
「コーチャン調書」では、トライスターとP3Cの売り込みについて述べている。その中で、トライスターで5億円、P3Cでは30億円の金銭授受があったとされている。
むふふ
ロッキード社のコーチャン元副社長
クラッター元東京駐在事務所代表

ロッキード事件の謎2

児玉ルートに手がつけられなかったのはなぜ？

第3の不可解な点として指摘されているのは、こうである。

ロッキード事件では、ロ社の対日工作資金が児玉誉士夫と丸紅に30億円流れ、そのうちの大半が対潜哨戒機P3C絡みの児玉に渡り、丸紅経由で田中に流れたとされている金額は5億円にすぎない。であるならば、5億円の詮議もさることながら、金額が多く、しかも公金絡みという事件の性格からいってもより重要な児玉ルートの詮議を優先すべきである。にもかかわらず、アメリカからの資料の中に児玉ルートに関する高官名がなかったということだけで片づけ、5億円の詮議のほうばかりに向かったのはなぜか。背後に田中を追い落とそうとする政治的思惑があるのではないか、という見方である。

一方、ロッキード事件で一番問題なのは事件の全容が解明されなかったことであって、5億円の詮議だけに向かったことをもって批判するのは当たらない、という見方もある。あるいはまた、児玉は一私人であり、田中は現職の総理大臣である。受け取ったとされる額は違っていても、同列に並べて考えられるべきではないだろう、という意見もある。

ロッキード事件も担当した元検事、堀田力の述懐 ①

「児玉ルートを解明するにあたって政治的圧力が加えられたという話は聞いたことがありません。児玉は公務員ではありません。それに、ロッキード社との間にコンサルタント契約を結んでいたので、脱税と外為法違反容疑での捜査しかできなかったのです。贈賄側の証言があった丸紅ルート、全日空ルートとは異なり、児玉が口を閉ざしているかぎり解明するのはきわめて困難、というのが当時の捜査陣の見方でした」

謎 3
はあぁ～
疲れたな～
ロッキード社
30 億円
対日工作資金
丸紅
児玉
5 億円
田中角栄へ
大半は児玉へ
（集中的に詮議）
Why?

COFFEE BREAK

角栄を評した、著名人たちの言葉

●大宅壮一氏の評

田中角栄という男は、ナニワ節そのものだ。
しかし、ナニワ節でもオーケストラを
あやつれるところが偉い。

●松本清張氏の評

田中角栄は現代史まれにみる梟雄《きょうゆう》である。
政界にこんな『天才』があらわれるのは
50年に一度あるかなしかだろう。「金権政治」
という単純なパターンで彼を裁ききること
はできない。

●河野謙三元参院議長の評

（河野洋平衆院議長の叔父）
田中角栄という政治家は、百年
か200年に一人出る『天才政治家』だ。

●保利茂元自民党幹事長の評

福田赳夫や大平正芳が束になっても、田
中一人にはとてもかないやしない。指導力、
政治力、いろんな意味でだ。

第6章

ロッキード事件後の田中角栄

キングメーカーへの道

その名も「目白の闇将軍」と呼ばれ、永年にわたって政治を動かした

ロッキード事件で逮捕・起訴されたことで、政治家田中角栄の威信は大きく傷ついた。だが、人間田中角栄は少しもへこたれてはいなかった。むしろ、政治への取り組みは事件前より一層、精力的になったといっていい。

ただし、政治手法は大きく変化した。以前の角栄は、先頭に立ってグイグイ引っ張っていく、文字どおりの「コンピュータ付きブルドーザー」であったが、事件後の角栄は自民党を離党したこともあって自ら先頭に立とうとはしなかった。また、田中派内からも総理大臣を出そうともしなかった。トップの座はもっぱら気脈の通じた他派閥の領袖に任せ、自らは陰から彼らをコントロールするだけであった。つまり、キングメーカーに徹したわけだ。「闇将軍」などという、ありがたくもないニックネームをつけられることになったのはそのためである。

キングメーカーとしての田中が最初に着手した〝仕事〟は、盟友・大平正芳を首相にすることであった。１９７８（昭和53）年のことである。

捲土《けんど》重来《ちょうらい》を夢見ていた角栄だったが

角栄は自民党を離党し、無所属になった。しかし、田中派はれっきとした自民党内の派閥であり、その規模も他派閥を圧倒するほどにまでなってきた。しかも、派内には有望な若手議員が目白押しであった。にもかかわらず、田中派から総裁候補を出さなかったのは、角栄自身、政権復活の望みを捨てていなかったからである。それが後年、竹下登らの不満をかき立てることになり、竹下らが田中派から離脱することにつながったのである。

せっかち角栄
せかせかせかせか
鈍牛の大平
んも〜〜〜
二人の妙な取り合わせが高じて、田中と大平は長らく盟友関係にあった。

大平は語学力に優れ、国際政治にも精通していた。
あまり知られてはいないが、日韓、日中の国交正常化を、佐藤、田中ら、当時の首相らとともに果たしたことは、大いに評価されるべきである。
また、クリスチャンの大平は、酒もタバコも一切やらなかった。
I speak English.

大平内閣の誕生

大平に檄を飛ばし、総裁選を勝利に導いた角栄

三木武夫が退陣した直後に行われた総裁公選の際、福田赳夫は「ここはぼくがやる。その次は君だ」と、大平に約束して総理・総裁の座に就いた。ところがその後、福田の心境に変化が芽生え、次も自分がやりたくなってきた。もともと「ポスト佐藤」を約束されていた福田が、4年という年月をかけてやっと手に入れた首相の座である。大平と密約を交わしてはいたものの、おいそれと渡したくなくなってきたのだ。

それを察知した大平は悩んだ。クリスチャンで、人と争うのが嫌いな大平は、できれば約束どおり禅譲してほしいという気持ちが強かった。だが、それはもはや叶わぬ夢。総裁選に打って出て闘うべきか、闘わざるべきか……。このとき、「闘うしかない。勝負だ！」と檄を飛ばしたのが角栄だった。

かくして総裁選に突入。大平は福田有利の下馬評を覆して見事に当選を果たして首相の座に就くことになるのだが、この勝利は田中派の力によるところ大であった。角栄自身も、各都道府県の政界・経済界の有力者に手紙を書いたり電話をかけたり、票集めに奔走した。

総裁予備選方式の功罪

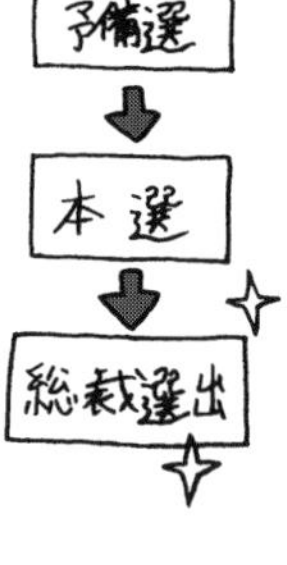

このときの自民党総裁選から「総裁予備選方式」で行われるようになった。これは、三木の提案で導入されたもので、まず一般党員による予備選で候補者を上位２名に絞り、次の本選で国会議員が投票して総裁を選出するというもの。実弾（現金）が飛び交う従来の総裁選は国民の批判を浴びてきた。そこで、クリーンな総裁選、一般の党員の声を反映した政策本位の総裁選にしようということで実施に移されたもの。

大平新体制へ人事始動
福田首相きょう総辞職表明
「挙党一致」めざす
衆院解散は遠のく
予備選 110点の大差
融和と結束に全力
大平氏、政権担当の決意

各候補の獲得持ち点	
大平 正芳	748
福田 赳夫	638
中曽根康弘	93
河本 敏夫	46

「大平総裁」実現へ
予備選で一位に
福田氏、本選辞退か

各候補の獲得持ち点	
福田 赳夫	293
中曽根康弘	12
河本 敏夫	14
大平 正芳	373

朝日新聞
1978年11月28日

朝日新聞1978年
11月27日夕刊

まぁ
やむをえんな
天の声だよ
しかし
天の声にも
変な天の声が
あるもんだ
なあ～

歴史に名高い、40日間抗争 1

苦境に立つ大平・田中陣営 自民党分裂の一大危機が

大平政権が発足した翌年（79年）の9月7日、大平首相は福田派などの反主流派の反対を押し切って衆院解散を断行した。よほど自信があったのだろうが、選挙期間中に自ら放った「一般消費税導入」発言が反発を招いたのか、自民党はギリギリ過半数を確保するのが精一杯であった。

この選挙結果に態度を硬化させたのが福田派などの反主流派であった。「ほら、言ったこっちゃない。われわれの反対を押し切って解散なんかするからこんなことになるんだ。責任は全部あんたにある。大平君、総理・総裁をやめなさい」と退陣を要求。しかし大平は、過半数を取った以上、責任はないと拒否。特別国会直前になっても大平退陣問題の決着はつかなかった。

業を煮やした大平・田中陣営は「両院議員総会で首相候補を決めようじゃないか」と総会の開催を決断。対して、数で劣る反主流派は「自民党をよくする会」を結成。福田を首相候補とし、両院議員総会が行われるはずの党本部8階のホールを椅子でバリケードをつくって封鎖した。ここに至って自民党は、あわや分裂の一大危機を迎えたのであった。

40日間抗争とは、なんだった？

解散・総選挙から首相退陣要求、そのあとの分裂指名投票までのごたごたが約40日間続いたので「40日間抗争」と呼ばれる。自民党の歴史に残る抗争で、このとき主流の大平・田中派と反主流の福田・三木派らの調整を図る目的で「総・総分離論」、すなわち「総裁福田・総理大平」案が、福田サイドから提出されたが、「総理・総裁分離というのは変則的なことだ」と大平が拒否。実現には至らなかった。

浜田幸一
なんだこのバリケードは！
やばい！ハマコーだ！
こうなったらもう許さねえぞ！
うおおおぉーっ
国会の暴れん坊ぶりを発揮したハマコーだったが、その行動がやがて、大平政権を窮地に追いやることになる——。

40日間抗争 2

大平・田中連合は、鉄の団結で福田・三木連合に勝利

国会の暴れん坊、ハマコー（浜田幸一）の〝活躍〟で、大平・田中連合は両院議員総会の開催にこぎつけ、大平を首相候補に指名した。一方、「よくする会」は別の会合で福田を首相候補に決定。自民党は事実上、分裂状態に陥ってしまった。そうして、特別国会召集から一週間後、ようやく首相指名選挙が実施される運びとなったのだが、自民党から2人の立候補者が名を連ねるという異例の事態に国民は驚かされるばかりであった。衆議院の第1回投票では大平正芳135票、福田赳夫125票、社会党飛鳥田一雄《あすかたいちお》107票、公明党竹入義勝58票、共産党宮《みや》本《もと》顕治《けんじ》41票、民社党佐々木良作《ささきりょうさく》36票、無所属田英夫《でんひでお》2票で、いずれも過半数に達しなかった。続いて行われた上位2人による決戦投票では、大平138票、福田121票。これで大平の続投が決まった。

決選投票は第1回投票のあと、30分の休憩を挟んで行われたが、この休憩中も激しい工作が行われたのだろう、第1回投票で福田に投じながら決戦投票では大平に〝鞍替え〟する議員が現れたほか、福田に投票すると思われていた民社党が棄権した。

大平を支持した新自由クラブ

新自由クラブは、自民党の一党支配体制に終止符を打つために、分裂した自民党の一方と連立する用意があるとの方針を固め、大平と福田、どちらとも組む姿勢を見せていた。しかし、かなり早い段階で大平派との間で「田川誠一を文相に据えるという条件付きで大平に投票する」との密約を交わしていた。決選投票のときには、河野洋平、田川誠一、山口敏夫《やまぐちとしお》、田島衛《たじままもる》の4人が大平に投票した。政界の取引とは、今も不可解なものだ。

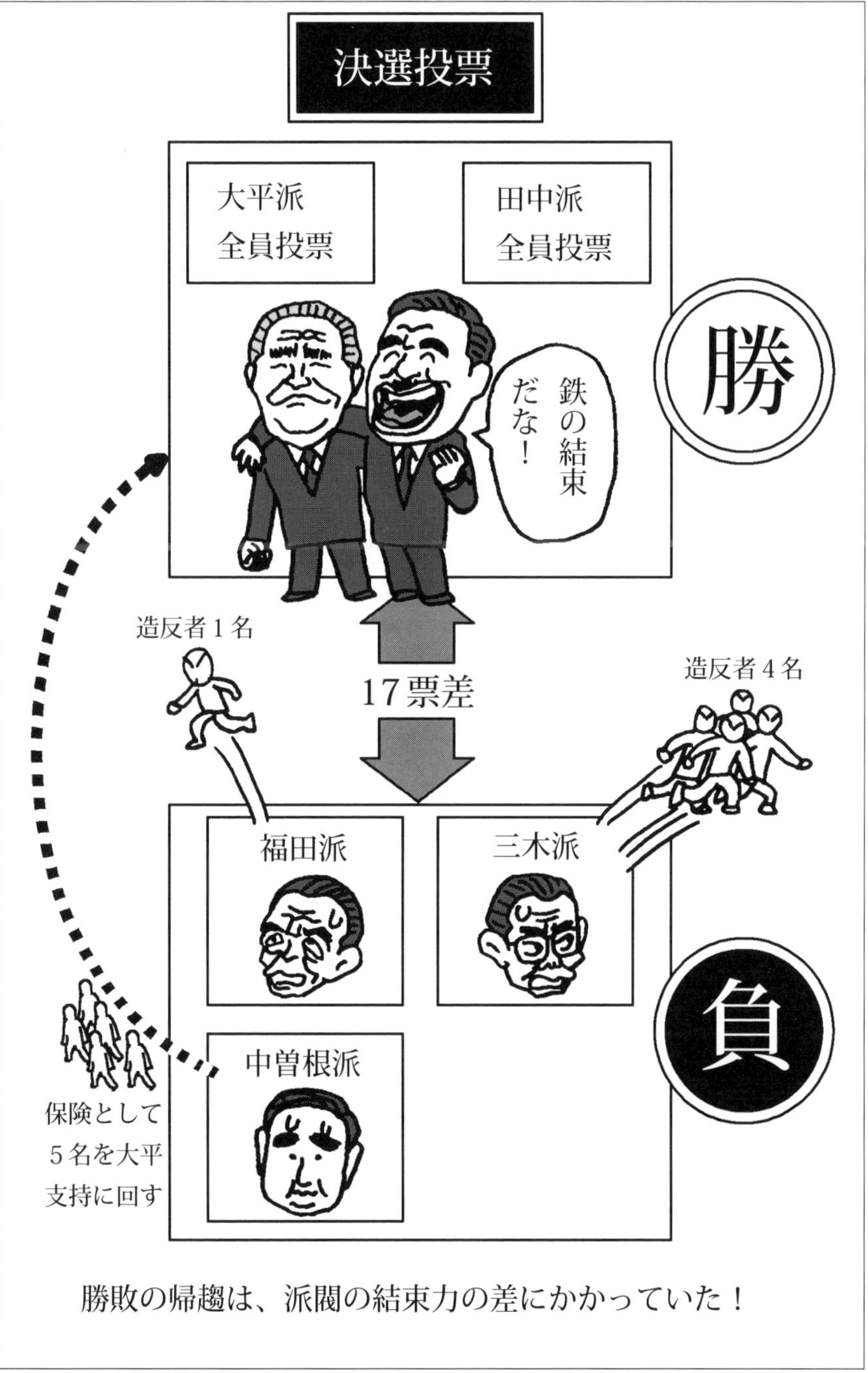
決選投票
大平派
全員投票
田中派
全員投票
勝
鉄の結束だな！
造反者１名
17票差
造反者４名
福田派
三木派
負
中曽根派
保険として
５名を大平
支持に回す

勝敗の帰趨は、派閥の結束力の差にかかっていた！

「鈴木角影内閣」の誕生
田中の力は、未だ偉大なり？

キングメーカー角栄の実力を知らしめた

1980（昭和55）年には、史上初の衆参ダブル選挙が行われた。選挙期間中に大平正芳が急死。「弔い選挙」でこのダブル選挙に大勝した自民党の次なる課題は、誰を総裁にするかであった。しかし、このとき不信任案採決時に造反した経緯があるだけに、反主流派には候補を立てるだけのエネルギーがなく、党の実力者の話し合いによる選定となった。この際、総裁候補に挙げられていたのは中曽根康弘、河本敏夫、宮沢喜一の3人であった。このうち最有力視されていた中曽根については、不信任案採決時に寝返ったということで福田が難色を示し、大平派のプリンス宮沢については、田中角栄が拒否。三木派を継いだ河本は、親分の三木にさんざん痛い目に遭わされている田中・福田の両者がノー。結局、3人の候補者はいずれも総裁にはなれなかった。

代わりに総裁の座に就いたのは、角栄の強い後押しを受けた大平派の大番頭、鈴木善幸《すずきぜんこう》であった。このため鈴木は、「本籍田中派、現住所大平派」と揶揄《やゆ》されたが、鈴木総裁の誕生は改めてキングメーカー角栄の実力を知らしめる結果となった。

総理総裁になる気がなかった鈴木善幸

鈴木善幸は、まったく総理総裁になる気がなかった。にもかかわらず、総裁の指名を受けたことに大いに戸惑ったのであろう、自民党両院議員総会で総裁に選出されたとき、次のような異例の挨拶を行った。

「もとより私は総裁としての力量に欠けていることを自覚しております。しかし、選考の本旨に思いを致し、総裁の大役を引き受けることに致しました」

よっ本籍地田中派現住所大平派！
角影内閣！
直角内閣！
鈴木善幸
どうしても「角影」だとか「直角」だとか世間は騒ぐんだよ
気にするな
30年も政権の中枢にいたおれなんだから　結果的に「角影」の政権ができたって不思議はないじゃろう

田中派から7人の閣僚を迎え入れた

「田中曽根内閣」と揶揄された中曽根首相

鈴木善幸首相は1982（昭和57）年、突如として総裁選不出馬を表明。寝耳に水の不出馬声明だったが、待ってましたとばかり中曽根康弘、安倍《あべ》晋太郎《しんたろう》、河本敏夫、中川一郎《なかがわいちろう》の4人が後継候補として名乗りを上げた。だが、後継指名は鈴木、二階堂、福田の3者協議の場に預けられ、結果、「中曽根総理・福田総裁」という提案がなされた。

このとき、キングメーカーの田中角栄は中曽根支援を約束していた。角栄にとって中曽根は食えない男だった。だが、中曽根に恩を売ることで自身の力を保持しようとしたのだといわれている。いずれにせよ、角栄のお墨付きをいただき、総裁選になれば必ず勝てると踏んでいる中曽根に、3者協議の提案を受け入れるつもりなどさらさらない。もはや総裁選あるのみである。

思惑通り総裁選を圧勝した中曽根は組閣に当たり、恩を返すべく田中派から7人を登用。しかも、自派から出すのが常識とされていた官房長官のポストまで田中派に譲るという〝用意周到〟さ。そのため、「新政権は田中曽根内閣」と揶揄される、ほろ苦いスタートとなった。

まさに「角影内閣」の面目躍如

中曽根内閣は角栄の全面的なバックアップによって誕生した内閣だった。そのため、組閣の顔ぶれを見ても、文字どおりの「角影内閣」「田中曽根内閣」であった。しかし、中曽根もなかなかしたたかで、総務会長（細田吉蔵）、外務大臣（安倍晋太郎）などの重要ポストを福田派に振り分けることを忘れなかった。これには、福田もシブシブながら了解せざるを得なかったらしい。

……
なぜ田中派が大きくなったか…
理由は簡単！最大派閥の田中派は人材が豊富で圧倒的に仕事師が揃っているからね
角影内閣
角拡散内閣
田中ソネ内閣
角噴射内閣
ロッキード潰し内閣
長期暫定内閣
たとえば　官房長官に後藤田君を頼んだのも彼の能力をかったからだよ…

本当は今まで「君付け」で呼んでた中曽根君の下には立てないと断ったんですが…
わはは

竹下登の裏切りと政治家田中角栄の終焉

角栄、脳梗塞で倒れる

1985（昭和60）年1月、竹下登を中心とする梶山静六、羽田孜、橋本龍太郎、あるいは早大出身の小渕恵三、渡部恒三ら中堅、若手グループが勉強会「創政会」を立ち上げた。キングメーカーの下働きしかさせてもらえないことに不満を抱いていた彼らが、田中派の中にもう一つの派閥を作ったわけだ。こうした動きに対して角栄は当初、「勉強会、大いに結構。ただし、〝早稲田グループ〟に偏ってはいかんよ。幅広くやれよ」と竹下に注意するなど、余裕のあるところを見せていた。

だが、創政会の発会式が2月7日、田中派議員40名を集めて正式に執り行われると、角栄は態度を一変させて激怒し、田中支持グループに命じて切り崩し工作を開始した。総理復帰の野望を抱く角栄にとって、派閥を割る行為は何としてでも潰さなければならなかったのだ。

ところが、それから20日後の2月27日、角栄は脳梗塞で倒れ、東京・飯田橋の逓信病院に入院。一命はとりとめたものの言語障害などが残った。かくして、田中角栄の政治生命は突如として終わりを告げたのだった。

田中派もついに解体

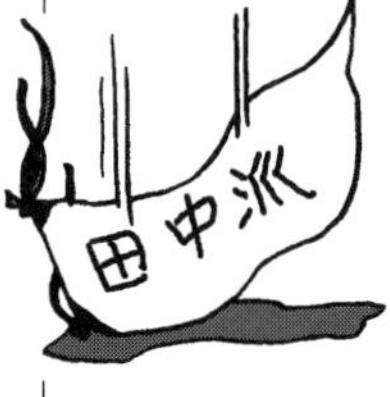

竹下は創政会を旗揚げしてから1年あまりでいったん解散させ、1987（昭和62）年7月、「経世会」として新たに竹下派を発足させた。竹下に従ったのは小渕恵三、小沢一郎、橋本龍太郎ら総勢113人。竹下と対立した二階堂グループは15人、後藤田などの中間派は13人。

最盛期141人を誇った田中派もここにおいて15年の歴史を閉じることになった。

田中は、田中派の後継者について、首相在任中から公言していた。
一に二階堂進 二に江崎真澄
三に後藤田正晴
竹下登は中堅や若手に支持が強いですが…
竹下は…まぁ後藤田の次くらいかな…
後藤田さんの次ですか？
角さんはこの順序でこそ派内が収まると読んでいたのさ
田中派長老議員
トップリーダーには、「才より徳」を重視したんだろう。何事にもそつがなく、才気に溢れた竹下を警戒し、軽視した所以でもある。
田中が倒れて竹下が後継者になったが、田中が危惧したように、竹下はその後リクルート事件でつまずき、2年足らずでその座を追われてしまう。

田中角栄の功罪……功
保守政治の主導権を官僚から取り戻した角栄

1993（平成5）年12月16日、田中角栄は75年の人生を閉じた。それから今日まで15年以上の歳月が流れたというのに、彼に対する評価は毀誉褒貶《きよほうへん》相半ばして定まるところを知らない。逆にいえば、それだけスケールの大きい傑出した政治家だった、ということになる。

冷静に彼が政治家として残した足跡を振り返ってみると、戦後の日本保守政治の主導権を官僚から政治家・政党に取り戻したこと、これは功の部類に入るだろう。

角栄以前の自民党は、岸（商工省出身）、池田（大蔵省）、佐藤（鉄道省）といった面々を見れば明らかな通り、官僚主導の政党だった。そんな自民党に飛び込んで、議員立法の成立に情熱を注ぎながら主導権を官僚から政治家へ移行させた田中の功績はきわめて大といえるだろう。

また「都会と地方の格差をなくす」というスローガンのもと、橋や道路、鉄道などの社会基盤の整備に力を注いだことも功に数えられる。だが、それが後の自然破壊につながった、と批判する向きもある。しかし彼がいなかったら日本の発展はずっと遅れていたと見て間違いない。

官僚出身の総理大臣に区切りをつけた？ 角栄

角栄のあと、総理の座に就いたのは三木武夫、福田赳夫、大平正芳、鈴木善幸、中曽根康弘、竹下登、宇野宗佑、海部俊樹《かいふとしき》、宮沢喜一、細川護熙《ほそかわもりひろ》、羽田孜、村山富市《むらやまとみいち》、橋本龍太郎、小渕恵三、森喜朗《もりよしろう》、小泉純一郎、安倍晋三《あべしんぞう》、福田康夫、麻生太郎の19人である。このうち、官僚出身者は福田赳夫、大平正芳、中曽根康弘、宮沢喜一の4人のみ。細川護熙以降は1人もいない。

田中角栄の業績

（1）議員立法（自ら成立させたものだけでも33本）
・道路整備費の財源等に関する臨時措置法（いわゆるガソリン税）
・国土総合開発法
・建築士法
・電気開発促進法
・高速道路連絡促進法
・新幹線建設促進法
・水資源開発促進法
・公営住宅法
・住宅金融公庫法

（2）日本列島改造計画
三大骨子（均衡のとれた国土開発、過密と過疎の同時解決、産業基盤の整備）

（3）外交
・日中国交回復
・資源外交（中東、ソ連、オーストラリア、ブラジル、カナダ、インドネシア、フランス、イギリス）
・日米繊維交渉の決着
・日ソ共同声明

政治不信を招いた金権政治
後世の政治手法に教訓を残した

田中角栄の功罪……罪

田中角栄＝金権政治家と思い込んでいる人が多いように、彼の取った政治手法はやはり「負」の遺産というべきものがある。

彼は、金脈問題で政権の座を降りたあとも、自民党を支配し、キングメーカーであり続けた。それが可能だったのも、田中派に数の力があったからにほかならない。その田中派が膨張し続けられたのも、「政治家田中」への評価の一方で彼に集金能力があったからで、ファミリー企業などから入る膨大な政治献金を政治資金として配り、必要に応じて政治ポストを割り振る、という手法も目につく。これが他派閥のみならず、国民からも批判されたのは周知の通りである。

彼が得意とした利益誘導型政治もまた、「負」に分類されるだろう。ときには政治献金などの〝実益〟に結びつくこともある。そうした政治手法だが、野放図な公共事業は底なしの財政破綻も招く。それがわかっていても、利益誘導は政治家にとって大きな魅力なのか。田中角栄を「他山の石」として政治への腕を磨くことが、今の政治家には求められる。

ロッキード事件も担当した元検事、堀田力の述懐 ②

「田中角栄という人はいい意味でも悪い意味でも、きわめて日本的な政治家だった。日本社会が持ついい面も悪い面も非常に拡大した形で持っていた。だから、善悪双方において比類なく傑出した人物だったと思います。頭もいい、理解力に優れている。それに人の気持ちをつかむ感性にも優れていた。右脳も左脳も日本的に発達した人、それが田中角栄さんだったと思う」

田中角栄は、金脈問題で
失脚してなお
闇将軍として自民党を支配し、
キングメーカーとして
政界に君臨し続けた。

●監修者プロフィール

小林　吉弥（こばやし きちや）

政治評論家。1941年8月26日、東京都生まれ。早稲田大学第一商学部卒業。的確な政局・選挙情勢分析、歴代実力政治家を叩き台にしたリーダーシップ論に定評がある。執筆、講演、テレビ出演などで活動。著書に『田中角栄 心をつかむ3分間スピーチ』（ビジネス社）、『アホな総理、スゴい総理』（講談社+α文庫）、『宰相と怪妻・猛妻・女傑の戦後史』（だいわ文庫）、『21世紀リーダー候補の真贋』（読売新聞社）など多数がある。

●参考資料

「私の履歴書」	田中角栄	日本経済新聞出版社
「日本列島改造論」	田中角栄	日刊工業新聞社
「私の田中角栄日記」	佐藤昭子	新潮社
「熱情　田中角栄をとりこにした芸者」	辻和子	講談社
「人間田中角栄」	馬弓良彦	ダイヤモンド社
「昭和の宰相　田中角栄と政権抗争」	戸川猪佐武	講談社
「政治家田中角栄」	早坂茂三	中央公論社
「早坂茂三の田中角栄回想録」	早坂茂三	小学館
「角栄、もういいかげんにせんかい」	藤原弘達	星雲社
「田中角栄研究全記録」	立花隆	講談社
「『角栄語録の神髄』 究極の人間洞察力」	小林吉弥	講談社
「田中角栄の人を動かすスピーチ術」	小林吉弥	講談社
「田中角栄とその弟子たち」	久保紘之	文藝春秋社
「ロッキード事件・葬られた真実」	平野貞夫	講談社
「アメリカの尾を踏んだ田中角栄」	田原総一朗	中央公論社
「ロッキード事件　疑惑と人間」	朝日新聞東京本社社会部	朝日新聞社
「自民党総裁選」	菊池　久　高橋達央	コスカ出版
「田中角栄全記録」	山本皓一撮影	集英社
「田中角栄最新データ集」	データハウス	

装丁　石川直美（カメガイ デザイン オフィス）
漫画・イラスト　高橋達央
本文デザイン　スタジオウインドミル　西村和夫
（株）日本アーツプロダクツ
資料協力　朝日新聞社　産経新聞社　毎日新聞社
読売新聞社　共同通信社
編集協力　小林建司
岩本太郎
ブレーンプール（小檜山範男）
編集　鈴木恵美（幻冬舎）

知識ゼロからの田中角栄入門

2009年3月10日　第1刷発行
2016年6月30日　第2刷発行

監　修　小林吉弥
発行人　見城　徹
編集人　福島広司

発行所　株式会社 幻冬舎
〒151-0051　東京都渋谷区千駄ヶ谷4-9-7
電話　03-5411-6211（編集）　03-5411-6222（営業）
振替　00120-8-767643
印刷・製本所　株式会社 光邦

検印廃止

ISBN978-4-344-90147-6 C2095
Printed in Japan
幻冬舎ホームページアドレス　http://www.gentosha.co.jp/
この本に関するご意見・ご感想をメールでお寄せいただく場合は、comment@gentosha.co.jpまで。